O BRASIL NO MERCADO MUNDIAL DE AÇÚCAR ENTRE 1960 E 2020

Editora Appris Ltda.
1.ª Edição - Copyright© 2024 dos autores
Direitos de Edição Reservados à Editora Appris Ltda.

Nenhuma parte desta obra poderá ser utilizada indevidamente, sem estar de acordo com a Lei nº 9.610/98. Se incorreções forem encontradas, serão de exclusiva responsabilidade de seus organizadores. Foi realizado o Depósito Legal na Fundação Biblioteca Nacional, de acordo com as Leis nos 10.994, de 14/12/2004, e 12.192, de 14/01/2010.

Catalogação na Fonte
Elaborado por: Dayanne Leal Souza
Bibliotecária CRB 9/2162

R175b 2024	Ramos, Pedro O Brasil no mercado mundial de açúcar entre 1960 e 2020 / Pedro Ramos. – 1. ed. – Curitiba: Appris, 2024. 138 p. : il. ; 23 cm. – (Coleção Ciências Sociais - Seção Economia). Inclui referências. ISBN 978-65-250-6566-3 1. Açúcar. 2. Álcool. 3. Mercados. 4. Brasil. I. Ramos, Pedro. II. Título. III. Série. CDD – 338.17361

Livro de acordo com a normalização técnica da ABNT

Appris editora

Editora e Livraria Appris Ltda.
Av. Manoel Ribas, 2265 – Mercês
Curitiba/PR – CEP: 80810-002
Tel. (41) 3156 - 4731
www.editoraappris.com.br

Printed in Brazil
Impresso no Brasil

Pedro Ramos

O BRASIL NO MERCADO MUNDIAL DE AÇÚCAR ENTRE 1960 E 2020

Appris editora

Curitiba, PR
2024

FICHA TÉCNICA

EDITORIAL
Augusto Coelho
Sara C. de Andrade Coelho

COMITÊ EDITORIAL
Ana El Achkar (Universo/RJ)
Andréa Barbosa Gouveia (UFPR)
Antonio Evangelista de Souza Netto (PUC-SP)
Belinda Cunha (UFPB)
Délton Winter de Carvalho (FMP)
Edson da Silva (UFVJM)
Eliete Correia dos Santos (UEPB)
Erineu Foerste (UFES)
Erineu Foerste (Ufes)
Fabiano Santos (UERJ-IESP)
Francinete Fernandes de Sousa (UEPB)
Francisco Carlos Duarte (PUCPR)
Francisco de Assis (Fiam-Faam-SP-Brasil)
Gláucia Figueiredo (UNIPAMPA/ UDELAR)
Jacques de Lima Ferreira (UNOESC)
Jean Carlos Gonçalves (UFPR)
José Wálter Nunes (UnB)
Junia de Vilhena (PUC-RIO)
Lucas Mesquita (UNILA)
Márcia Gonçalves (Unitau)
Maria Aparecida Barbosa (USP)
Maria Margarida de Andrade (Umack)
Marilda A. Behrens (PUCPR)
Marília Andrade Torales Campos (UFPR)
Marli Caetano
Patrícia L. Torres (PUCPR)
Paula Costa Mosca Macedo (UNIFESP)
Ramon Blanco (UNILA)
Roberta Ecleide Kelly (NEPE)
Roque Ismael da Costa Güllich (UFFS)
Sergio Gomes (UFRJ)
Tiago Gagliano Pinto Alberto (PUCPR)
Toni Reis (UP)
Valdomiro de Oliveira (UFPR)

SUPERVISOR DA PRODUÇÃO
Renata Cristina Lopes Miccelli

PRODUÇÃO EDITORIAL
Adrielli de Almeida

DIAGRAMAÇÃO
Andrezza Libel

CAPA
Carlos Pereira

REVISÃO DE PROVA
Daniela Nazario

COMITÊ CIENTÍFICO DA COLEÇÃO CIÊNCIAS SOCIAIS

DIREÇÃO CIENTÍFICA
Fabiano Santos (UERJ-IESP)

CONSULTORES
Alícia Ferreira Gonçalves (UFPB)
Artur Perrusi (UFPB)
Carlos Xavier de Azevedo Netto (UFPB)
Charles Pessanha (UFRJ)
Flávio Munhoz Sofiati (UFG)
Elisandro Pires Frigo (UFPR-Palotina)
Gabriel Augusto Miranda Setti (UnB)
Helcimara de Souza Telles (UFMG)
Iraneide Soares da Silva (UFC-UFPI)
João Feres Junior (Uerj)

Jordão Horta Nunes (UFG)
José Henrique Artigas de Godoy (UFPB)
Josilene Pinheiro Mariz (UFCG)
Leticia Andrade (UEMS)
Luiz Gonzaga Teixeira (USP)
Marcelo Almeida Peloggio (UFC)
Maurício Novaes Souza (IF Sudeste-MG)
Michelle Sato Frigo (UFPR-Palotina)
Revalino Freitas (UFG)
Simone Wolff (UEL)

*Dedico este livro à memória de meu mestre e amigo, Tamás Szmrecsányi,
por tudo que aprendi na convivência com ele.*

AGRADECIMENTOS

Agradeço aqui meus amigos do Centro de Estudos do Desenvolvimento Econômico, do Instituto de Economia da Unicamp. A convivência com Fernando, Plininho, Fábio, Humberto, Claudio e com os alunos da área me foi particularmente gratificante e prazerosa e me auxiliaram sobremaneira na superação dos momentos difíceis, nos quais contei com a solidariedade que eles externaram. Compartilhamos tal sentimento irmanados sob os cuidados do "papai" Wilson Cano.

SUMÁRIO

INTRODUÇÃO 11

CAPÍTULO I
ANTECEDENTES HISTÓRICOS:
UMA PRODUÇÃO EM MUDANÇA TÉCNICA, COM MERCADO DE
CONSUMO CRESCENTE E APOIADO PELOS GOVERNOS 13

I.1 – O açúcar como produto industrial 14
I.2 – A crise de 1929 e seus impactos 17
I.3 – O advento da "Guerra Fria" e seus efeitos até 1960 23

CAPÍTULO II
A EVOLUÇÃO PROBLEMÁTICA ENTRE 1961 E 1974:
A (POSSÍVEL) FALTA DE AÇÚCAR NO MUNDO E SEUS SUBSTITUTOS... 37

II.1 – O rompimento das relações Cuba-EUA e a especulação mundial com *commodities*...38
II.2 – O advento e a concorrência dos substitutos 48

CAPÍTULO III
A EVOLUÇÃO ENTRE 1975 E 2003: NO BRASIL, ENTRA E SAI DE CENA
O PROÁLCOOL, NO MUNDO O AÇÚCAR PERDE ESPAÇO 61

III.1 – O álcool como produto alternativo no Brasil 62
III.2 – As mudanças no mercado mundial de adoçantes e o impacto da CEE/PAC..68

CAPÍTULO IV
A EVOLUÇÃO APÓS 2003/4 E AS PERSPECTIVAS:
O CONSUMO DIRETO DE AÇÚCAR DEIXARÁ DE EXISTIR?........... 91

IV.1 – A retração do consumo direto de açúcar nos mercados dos países ricos
e/ou de rendas mais altas 92
IV.2 – O atual mercado do açúcar brasileiro 105

OBSERVAÇÕES CONCLUSIVAS 127

REFERÊNCIAS 131

INTRODUÇÃO

Este livro busca contribuir para o conhecimento sobre o passado recente, a atualidade e as perspectivas sobre o mercado de um dos principais produtos de exportação da economia brasileira ou do mais antigo dos nossos agronegócios. Mais precisamente, os objetivos deste texto são a análise do mercado mundial de açúcar e da participação do Brasil em tal mercado entre 1960 e 2020. É este último objetivo que se constitui como a principal referência para a conformação dos capítulos e suas partes.

O capítulo primeiro tem em conta os antecedentes ao período mencionado, para que se possa melhor fundamentar a análise e levar à compreensão mais adequada ou correta do conteúdo dos capítulos seguintes. O esforço de síntese sobre a evolução do mercado mundial de açúcar destaca os principais fatos e aspectos relacionados aos objetivos propostos e que antecederam o ano de 1960.

O capítulo segundo analisa a evolução do mercado mundial de açúcar entre 1961 e 1974 e considera a participação do Brasil, tendo em conta a política governamental implementada durante esses anos, consideradas de grande importância para o futuro, assim como as ocorrências naquele mercado, de onde destaca a conformação da divisão que se tornou conhecida como a existência do "mercado livre mundial" e dos "preferenciais".

O capítulo terceiro considera a mesma temática no período que foi de 1975 a 2003. O destaque fica por conta do advento e fim do Programa Nacional de Álcool/Proálcool no Brasil e das alterações ocorridas nos mercados preferenciais, as quais tiveram significativa implicações no funcionamento do mercado mundial e na inserção do Brasil, que retomou o protagonismo como exportador principal, o que fora perdido há tanto tempo.

O quarto capítulo analisa o que ocorreu entre 2003 e 2020, o que é válido especialmente para os dados apresentados (geralmente em médias trienais ou quinquenais), mas traz algumas informações e comentários quanto a fatos que merecem destaques ocorridos nos últimos anos. A bem da verdade, trata-se do capítulo mais sintético em função de sua contemporaneidade.

Embora os capítulos tragam diversas tabelas, cabe observar que há três delas, em cada capítulo, que são consideradas mais ilustrativas ou mais importantes para dar conta dos objetivos dos respectivos conteúdos porque destacam: a) dados quanto aos países mais importantes no comércio mundial de açúcar; b) dados que ilustram as evoluções e situações dos mercados internos do produto em diversos países e momentos; c) dados por continentes e/ou grupos de países para evidenciar totalizações que também ilustram evoluções e situações ao longo dos tempos analisados em cada capítulo.

A opção pela apresentação de grandes tabelas com listas de países e respectivos dados teve o objetivo de disponibilizá-los aos leitores, considerando que, embora os gráficos facilitem a visualização dos processos, restringem o número de variáveis que podem ser plotadas. Ademais, os pesquisadores interessados podem elaborar suas apresentações com base nos dados das tabelas. Finalmente cabe observar que o uso de termos técnicos foi evitado sempre que possível, assim como comentários muito detalhados sobre especificidades técnico-produtivas.

Capítulo I

ANTECEDENTES HISTÓRICOS: UMA PRODUÇÃO EM MUDANÇA TÉCNICA, COM MERCADO DE CONSUMO CRESCENTE E APOIADO PELOS GOVERNOS[1]

Sinopse: Este capítulo sintetiza o processo de surgimento do açúcar de cana e a expansão de seu mercado (produção e consumo) até 1960 para mostrar que ele deixou de ser usado como remédio e passou de um bem de consumo nobre e caro para tornar-se um produto industrializado de amplo consumo, cuja produção espalhou-se pelos cinco continentes e nos dois hemisférios pois tornou-se um derivado de duas matérias-primas; mostra que ele passou a ser submetido a políticas estatais e tratados que objetivaram a defesa de seus preços e a disciplina da comercialização interna e externa, ao que se somou o advento dos mercados preferenciais e da intervenção estatal de âmbito federal no Brasil, ambos após 1930.

Se "a região de origem presumível da cana é o norte da Índia, de onde se supõe que tenha sido levada para a China e o Oriente Próximo" (LEME JÚNIOR e BORGES, 1965, p. 3), as informações disponíveis são de que foi na Pérsia que se deu o conhecimento do açúcar na forma sólida, isso por volta do ano 500 d.C. e que sua fabricação "em escala comercial e os processos de refinação se desenvolveram no Egito durante os séculos X e XI" (ALMEIDA e MEYER, 1948, p. 4). O que é certo é que o açúcar foi, durante algum tempo, remédio, depois tornou-se um bem de consumo de nobres e ricos e, de tão importante que era, tornou-se um bem patrimonial[2]. Finalmente, seu consumo foi "democratizado", ou seja, passou a atender a demanda popular. Durante essa trajetória, foi responsável por guerras, invasões, acordos e tratados que buscaram proteger seus mercados (nacionais e internacionais). Influenciou

---

[1] Este capítulo é uma síntese, com acréscimos e outras alterações, dos capítulos 1 e 2 de RAMOS, 2022.

[2] Isto porque, segundo Celso Furtado, em sua tese de doutoramento apresentada à Sorbonne em 1948, "no testamento da mulher de Carlos V da França figurava a enumeração, entre joias preciosas, de sete pães de açúcar (catorze quilos)" (FURTADO, 2001, p. 94).

profundamente a trajetória histórica de algumas áreas produtoras, determinando, em maior ou menor grau, para o bem ou para o mal, suas conformações econômicas, políticas e, enfim, sociais, o que vale ainda hoje para alguns delas.

Assim o açúcar circulou pelos mares do mundo há muito tempo. Estas observações resumem o que ocorreu com o mercado de açúcar até o final do século XVIII, quando parecia procedente considerá-lo um bem agrícola. É de se estranhar que muitos ainda assim o denominam, embora no passado longínquo fosse algo compreensível, mas sem dúvida o açúcar era manufaturado (mesmo que sua produção exigisse máquinas ou equipamentos rudimentares) e não apenas beneficiado como acontece com muitos produtos agrícolas (a exemplo do arroz, do café em grão, da soja, do milho etc).

I.1 – O açúcar como produto industrial

Dois acontecimentos impactaram profundamente o mercado de açúcar desde então. O primeiro deles foi que sua produção passou a ser submetida, em muitos lugares, às invenções e desenvolvimentos técnicos que decorreram da Primeira Revolução Industrial (inglesa), da qual cabe destacar o advento da energia a vapor.[3] Assim sua produção passou de manufaturada para industrializada. O segundo acontecimento ocorreu não muito distante no tempo e guarda relação com isto: tratou-se do advento da indústria do açúcar de beterraba, o que permitiu a obtenção do adoçante nos países do Hemisfério Norte ou nas áreas de clima temperado. Se até 1830 as estatísticas disponíveis indicam que a produção de açúcar de beterraba era zero, em 1850 ela já era de 16% do total de açúcar produzido no mundo e em 1880 já se tornara maior do que a de açúcar de cana (respectivamente, 52% e 48%).

Os maiores produtores de açúcar de beterraba, ao findar o Século XIX (média do quinquênio 1896-1900) eram, pela ordem: Alemanha (1,839 milhões de t); Áustria-Hungria (995 mil t); França (809,1 mil t); Rússia (751,7 mil t) e Holanda (139,3 mil t). Quanto à produção de açúcar de cana, não

---

[3] Mas convém mencionar outros dois fatos históricos cujas influências e/ou usos perduram até hoje: o primeiro é o surgimento do açúcar demerara, um bem na forma de cristais amarelados e que é remetido ao refino. Sua denominação decorre de ter sido produzido pela primeira vez em 1832 na área homônima da Guiana Inglesa; o segundo é a invenção da centrifugação (ou ultrafiltração), processo que emprega a centrífuga e reduz a refinação de 3 semanas para 16 horas. A primeira centrífuga foi construída em 1849.

há dados seguros sobre o total produzido no Brasil no mesmo quinquênio, mas Java aparece como maior produtor mundial, com 670,5 mil toneladas, seguida de Cuba (272,4 mil t) e do EUA (256 mil t).[4]

Foi ainda em meados do século XIX ou, mais precisamente em 1864, que um fato, agora de natureza política, mas de fundamento sócio/econômico como é de praxe, surgiu no mundo, envolvendo países produtores de açúcar de beterraba. Tratou-se do primeiro acordo multilateral sobre o mercado de açúcar e seus signatários foram quatro países europeus (Bélgica, França, Países Baixos ou Holanda e o Reino Unido). A partir de então alguns outros tratados ocorreram (em 1875, 1877 e 1888) e adentraram o século XX. Tais acordos ou tratados pautaram-se pela ideia de disciplinar o mercado de açúcar e eles pretenderam ter alcances que iam além de seus signatários, pois procuraram influenciar ou controlar, quase sem exceção, a oferta mundial e, portanto, estabilizar o preço no comércio global do bem. Pode-se dizer, grosso modo, que fracassaram em tal intento, pois não conseguiram impedir o início e a expansão da produção (que foi se tornando excedentária em relação ao consumo interno) em muitos países, o que se deve à importância da agroindústria açucareira seja em termos de produção/oferta (porque ela implica em criação e manutenção de muitos empregos, sejam agrícolas, sejam fabris), seja em termos de demanda/consumo porque ela disponibiliza um bem de consumo que fornece boa parte das calorias necessárias ao corpo humano. Daí sua importância sócio/econômica, a qual nenhum governo parecia ignorar ou menosprezar, tendo a ela dedicado políticas públicas que sempre envolveram financiamentos públicos, restrições de importações (via tarifas alfandegárias), impostos, concessão de subsídios, garantia de preços etc.[5]

Enquanto os europeus faziam acordos para tentar disciplinar e garantir o bom funcionamento do mercado local de açúcar, do outro lado do Atlântico os estadunidenses iam estabelecendo "tratados de reciprocidades

---

[4]   A produção de Cuba no quinquênio anterior (1891-95) havia sido de 933,47 mil t, o que significa que a luta pela independência travada entre 1895 e 1898 prejudicou em muito a produção cubana; quanto ao caso do Brasil talvez seja procedente afirmar, com base nos dados de exportação de açúcar no quinquênio 1896-1900 (113,9 mil t), que nossa produção possivelmente era não muito superior que a das Ilhas Maurício (158,6 mil t).

[5]   Em 1902 a Convenção de Bruxelas colocou entre seus objetivos o incentivo à (maior) popularização do consumo mundial, o que contribuiu sobremaneira para que ele, que tinha crescido em quatro milhões de toneladas em 15 anos (de 1888 a 1902), crescesse em oito milhões em 12 anos (1902 a 1914). Essa convenção foi a primeira que incorporou um país produtor de açúcar de cana, o Peru. Se entre 1880 e 1890 o consumo mundial de açúcar per capita foi de 5,5 quilos por ano, em 1901 tal consumo já era de 41 quilos na Grã-Bretanha; de 30 nos EUA; 13,2 na França, 12,7 na Alemanha e na Holanda. Em 1925 havia subido para 55 quilos nos EUA, para 40 na Inglaterra, para 30 na Holanda e para 23 na França. No mesmo ano, era de 25 no Brasil como um todo, mas era muito mais alto na cidade de São Paulo (61) (ver dados de outros países em RAMOS, 2002, p. 29).

comercial" com áreas produtoras próximas. Em 1876 ocorreu o primeiro e foi estabelecido com o então Reino do Havaí. Em 1902 ele foi estendido à Cuba, com base em um desconto de 20% na tarifa básica.[6]. Assim, o Havaí, Cuba, Porto Rico, Filipinas e Ilhas Virgens (Caribe) passaram a complementar o abastecimento de açúcar no mercado estadunidense: se na média de 1897-1901 esse mercado foi abastecido com 53,5% de açúcar obtido fora da área continental e das áreas insulares acima mencionadas, em 1932 (dois anos antes do *Sugar Act*, visto a seguir), tal porcentual foi de apenas 0,4% (conforme dados de DALTON, 1937, págs. 12 e 21).

Em 1911 Cuba (1.300 mil toneladas) e Java (na Indonésia, 1.000 mil t) eram as áreas maiores produtoras de açúcar de cana, com o Havaí (370 mil t) e Louisiana (320 mil t) situando-se a seguir. O Brasil era então a quinta área, com 300 mil t e a produção mundial somava 4,938 milhões de toneladas. Cuba, com a derrota da Espanha na guerra contra o EUA, tornou-se independente em 1898 e sua produção açucareira foi ampliada com base em investimentos especialmente de capitais estadunidenses; Java era área sob domínio da Holanda e recebeu investimentos desse país para tornar-se o destaque mundial no melhoramento genético da cana.

O advento da Primeira Guerra Mundial impactou o mercado mundial de açúcar e, assim, beneficiou o Brasil. Isto porque, como é sabido, ela foi travada nos territórios dos principais países produtores de açúcar de beterraba, antes mencionados. Se a produção mundial desse açúcar foi de 8,22 milhões de toneladas na média do triênio 1910/11/12, ela caiu para 5,13 milhões em 1920/21/22, lembrando que a guerra foi travada entre 1914 e 1918. Nossas exportações passaram das 57,80 mil toneladas no quinquênio de 1913-17 para 143,68 mil em 1918-22, mas o valor médio foi pouco elevado: de 22,01 para 26,54 libras esterlinas por tonelada.

Em 1925 a produção mundial de açúcar de beterraba já se recuperara, pois atingiu 9,33 milhões de toneladas (um número 82% maior do que a do triênio 1920/21/22), o que significou 37% da produção mundial de açúcar.

---

[6] Depois de 1898, enquanto Cuba passou a ser um país sob dominação econômica e política dos EUA; Porto Rico, deixou de ser colônia espanhola para ser território do EUA e não é e nunca foi um país independente e, devido a isso, alguns afirmam que se trata da colônia mais antiga do mundo; os filipinos lutaram pela independência em relação aos EUA entre aquele ano e 1911 (luta na qual morreram 500 mil deles) e o país só se tornou independente em 1946, mas continuou sob domínio de Washington; Guam (uma ilha do Pacífico) passou a ter um terço de seu território sob jurisdição da Marinha e da Força Aérea dos EUA e é administrada pelo Departamento Interior desse país; foi muito importante para a vitória sobre o Japão na Segunda Grande Guerra. Especificamente a Filipinas foi tomada como indenização de guerra. Os havaianos perderam sua rainha também em 1898. Além dessas áreas, no início do século XX o EUA "possuem e controlam" também a Nicarágua, Samoa, Panamá, São Domingos (depois República Dominicana), Haiti (ocupado pelos fuzileiros entre 1915 e 1934). O Alaska foi comprado da Rússia em 1867.

O maior produtor desse açúcar continuava sendo a Alemanha (1,62 milhões de t), mas a Tchecoslováquia passou a ocupar o segundo lugar (quase 1,58 milhões), com a Rússia em terceiro (1,08 milhão) e o EUA com 904 mil t, deslocando a França para a quarta posição (780 mil t). Por sua vez, o Brasil dobrou sua produção entre 1911 e 1925, passando para um total de 660 mil toneladas, a qual ainda era muito inferior à de Cuba (5,1 milhões) e de Java (2,22 milhões) e, agora, também da Índia, cuja produção passou das 15 mil toneladas para 2,88 milhões no mesmo período, um crescimento espetacular. A produção brasileira era igual à do Havaí; Porto Rico e Filipinas produziram 540 mil, seguidos de Queensland, na Austrália, com 516 mil toneladas.[7] A Europa e a América Central eram então as áreas de maiores produções no mundo.

I.2 – A crise de 1929 e seus impactos

Essa situação foi muito impactada pelo advento da grande crise econômica de outubro de 1929. Como é sabido, ela causou mudanças e até mesmo transformações mundo afora, tendo alterado por demais a conjuntura da década de 1920 porque atingiu e modificou o funcionamento de muitos (se não todos) mercados, tanto os de âmbito nacional como internacional.[8]

Como a crise teve origem na queda da Bolsa de Valores de Nova York, convém começar a análise (resumida) com o caso estadunidense.

Como foi apontado, o governo estadunidense já tinha virtualmente assegurado, com os tratados de reciprocidade, o abastecimento de seu mercado continental. Em 1933 a indústria açucareira local preparou e apresentou ao governo de F. D. Roosevelt o "Acordo de Estabilização" dos preços do açúcar, que serviu de base para o *Sugar Act*, de 1934. Tal lei buscou minorar o impacto da crise estabelecendo quotas de produção para os esta-

---

[7] Nessa época a Inglaterra ainda dependia, para o abastecimento do seu mercado interno, do açúcar de cana produzido nas suas colônias da América Central (Ilhas Virgens Inglesas) e da Índia, cabendo lembrar que, durante muito tempo foi o país com maior número de áreas coloniais naquela região, cuja produção total atingia 106 mil t e era seguida do total produzido nas colônias francesas (98,5 mil t).

[8] Por questão de espaço, será dada maior atenção aqui aos casos dos EUA e do Brasil. Uma das razões para esse posicionamento é que, conforme menção em HUBERMAN, 1987, p. 310, "foram 2 pessoas que inventaram o 'New Deal'; o presidente do Brasil e o presidente dos Estados Unidos". Evidentemente tal afirmação ignora as muitas e importantes diferenças econômicas, sociais e políticas, não só de então, entre os dois países. Ilustra esse comentário o fato de que, nos EUA, o presidente implantou uma política que tinha como base o princípio de que, "não se deve permitir que ninguém passe fome" (título do capítulo XVI da obra citada), embora no Brasil o governo Vargas tenha priorizado o abastecimento do mercado interno de açúcar. Como se sabe, o *New Deal* foi um amplo programa de políticas públicas destinadas a fazer com que os EUA superassem os graves problemas decorrentes da crise acima mencionada.

dos produtores continentais (Louisiana e Flórida) e para as áreas insulares anteriormente mencionadas.[9] Os descontentamentos que surgiram foram amainados com a elevação e distribuição do novo total definido em 1937.[10]

Novas quotas foram estabelecidas em 1948 e a área externa que mais se beneficiou da elevação de quota foi Cuba (de 1.949 mil t em 1934 para 2.808 em 1948); já os produtores continentais de açúcar de cana quase dobraram sua quota (de 260 mil para 500) e pouco foi elevada a dos produtores de açúcar de beterraba (de 1.550 para 1.800); Filipinas perdeu participação (sua quota caiu de 1.050 mil t para 980); continuou diminuta a quota das Ilhas Virgens (de 4 mil t para 12 mil t). Assim, "Entre 1901 e 1960 os norte-americanos só compraram volumes significativos de açúcar externo de cubanos e filipinos (que até 1946 foi formalmente uma possessão dos EUA)" (SAMPAIO, 2014, p. 326).

Os seguintes dados são indicadores da importância do *Sugar Act* e das quotas definidas para os parceiros: nas médias de 1934/38 e de 1951/55 apenas 0,12% do abastecimento local de açúcar foi proveniente de áreas ou países não contemplados com preferências; tal porcentual passou para 5% em 1960 e para 29,3% em 1961 (ano do rompimento Cuba-EUA). O governo estadunidense, "a partir de meados de 1960, reagindo a medidas de política econômica adotadas pelo Governo de Cuba", suspendeu "a importação, a qualquer título, de açúcar daquela procedência" e passou a incrementar a produção doméstica e a "ampliar a participação de países até então fornecedores quase simbólicos (República Dominicana, México, Peru, dentre outros), e proporcionando facilidade à admissão, em seu sistema de preferência, a outros países do Hemisfério Sul (Brasil à frente) e de outros continentes (Oceania, Ásia e África)", conforme MONT'ALEGRE, 1971, p. 59.

A produção de açúcar de beterraba, que foi menor do que a de açúcar de cana entre 1950 e 1956, virtualmente igualou-se a esta e, desde então, passaram a apresentar crescimentos próximos, conforme gráfico apresentado por BARRY *et al.*, 1990, p. 3.

---

[9] Para se ter uma ideia da importância do mercado estadunidense para o açúcar cubano no pós-crise de 1929, basta mencionar os seguintes dados: na média do quinquênio 1929-33, a exportação de açúcar cubano para o EUA alcançou o montante de 2.524.200 toneladas curtas; para o mercado mundial o montante médio foi de 1.069.600; as médias dos preços foram de, respectivamente, 1,27 e 1,17, mas caíram, também respectivamente, de 1,80 em 1929 para 0,82 em 1932 e de 1,76 para 0,80, embora tenham se recuperados um pouco em 1933 (preços recebidos em libra-peso, que corresponde a 0,4536 do quilo). Dados apresentados por DALTON, 1937, p. 254). Uma tonelada métrica equivale a 1.000 quilos; a curta equivale à 907,185 quilos; uma tonelada longa à 1.016,05 quilos. Quando não for especificado, os números referem-se à tonelada métrica (t. m. ou TM).

[10] Não deixa de ser aparentemente contraditório o fato de que, embora buscasse complementar o abastecimento interno de açúcar com os acordos do *Sugar Act*, o governo do EUA, com base na Lei de Ajustamento Agrícola de 1933, tenha concedido subsídios a muitos produtores de bens agrícolas (matérias primas ou não), entre eles beterraba açucareira e cana-de-açúcar, para que diminuíssem a produção (ver HUBERMAN, 1987, p. 260).

A menção ao país logo acima recomenda agora resumir o caso brasileiro.

Nossa economia tinha, ao iniciar-se a década de 1930, cinco produtos principais de exportação: na média da década de 1920 (1921-1930), eles totalizavam nada menos do que 80,6% do valor total de nossas exportações, mas ele era concentrado no café (68,6%); com os demais atingindo participações pequenas: cacau, com 3,1%; algodão e borracha com 2,5% cada; fumo com 2,1% e açúcar com 1,8%. No entanto, essa pequena participação do açúcar não permite menosprezar os problemas que dela derivavam.

Enquanto o café era produzido e exportado principalmente por São Paulo (mas também pelo Rio de Janeiro), o açúcar era o produto principal de exportação do Nordeste. Mas desde há muito tempo nossas exportações de açúcar haviam perdido o mercado externo. Isto configurava um sério problema econômico e social que atingia a área economicamente mais importante daquela região, a Zona da Mata, notadamente, mas não somente, a localizada nos estados de Pernambuco e Alagoas. Convém acrescentar que, no Sudeste, apenas as regiões de Campos/RJ e de Piracicaba/SP eram importantes áreas de produção açucareira e, assim, viviam os mesmos problemas da área nordestina acima mencionada.[11]

A crise de 1929 aprofundou os problemas da colocação externa de nosso açúcar e de nosso café. Acontece que havia uma diferença fundamental: enquanto a produção cafeeira era excedentária em relação ao consumo interno de âmbito nacional, o que significa que virtualmente todas os estados do país eram atendidas pelas produções paulista e carioca, complementadas pelas de Minas Gerais e do Espírito Santo, no caso do açúcar isso não ocorria e, para ir direto ao que é mais importante: São Paulo era um estado importador de açúcar, o qual vinha do Nordeste e essa "importação" era fundamental para a sustentação da situação principalmente em Pernambuco.

Mas São Paulo tinha terras, trabalho e capital para diversificar a produção local de bens agropecuários e para isso tinha mercado local em franco crescimento por conta da imigração externa e também interna (especialmente de nordestinos) que não só o café atraiu, mas também a industrialização e urbanização que decorreu da grande expansão cafeeira.

---

[11] O outro problema econômico e social tratava-se das relações entre usineiros e fornecedores de cana, as quais envolviam a questão dos preços relativos entre a cana e o açúcar, a das quantidades adquiridas pelas usinas e a das suas condições de pagamento.

Assim, os proprietários daqueles três "fatores de produção" já vinham expandindo sobremaneira a produção local de açúcar, o que ganhou impulso com o Convênio de Taubaté de 1906, que buscou conter a expansão cafeeira no país. Isso ampliou a perda dos "mercados externos" para o açúcar nordestino.[12]

Para enfrentar esse problema o governo de Vargas criou duas comissões em 1931: a primeira delas, a Comissão de Estudos sobre o Álcool Motor, foi incumbida de pensar e criar formas e meios de elevar o consumo desse substituto (parcial) da gasolina importada[13], o que minoraria o problema da balança comercial e, em decorrência, a de pagamentos, deficitárias em função da queda dos preços internacionais de nosso bens exportados. O problema é que a obtenção de álcool anidro (o tal álcool-motor), demandava o uso de benzeno, um produto importado e, portanto, a produção de tal álcool pouco avançava. Isso contribuía para que os investimentos dos proprietários paulistas, acima referidos, continuassem concentrados (em termos setoriais), na produção açucareira. Ela tinha que ser contida, já que o redirecionamento do processamento de cana estava lento. Somente assim poder-se-ia permitir que a agroindústria canavieira do Nordeste saísse da conjuntura de estagnação e crise em que se encontrava. Vale dizer, cabia reservar o mercado interno, cujo crescimento se concentrava em São Paulo, ao açúcar nordestino.[14]

A dificuldade mencionada e os demais problemas setoriais determinaram a criação da segunda comissão, a Comissão de Defesa da Produção do Açúcar (CDPA). Entre tais problemas ganhou notoriedade o do preço interno do açúcar e sua relação com o preço da sua matéria-prima, a cana-de-açúcar, o que explicitou a questão das mencionadas relações entre usineiros e fornecedores. A busca de solução que pudesse servir para todos

---

[12] Os seguintes dados dão uma ideia do problema que atingiu o mercado açucareiro mundial no início da década de 1930: na média do quinquênio 1925-1929 o estoque mundial de açúcar foi de 3,64 milhões de toneladas; em abril de 1933 ele era de 9,05 milhões (conforme dados apresentados por SOARES, 2000, p. 82).

[13] Em 1931 foi determinado a adição de 5% de álcool à gasolina; em 1941 tal porcentual foi elevado para 20%, mas por conta da dificuldade de importação de gasolina, o porcentual chegou a ser bem maior, atingindo a média de 42% entre 1941 e 1945. Mesmo depois do fim da guerra o incentivo ao álcool carburante foi reforçado com bonificação especial em 1948.

[14] Em sua obra *A Defesa da produção Açucareira*, o gaúcho Leonardo Truda, primeiro presidente do IAA, defendeu que a "unidade econômica nacional" dependia da contenção da produção paulista de açúcar. (TRUDA, 1971, págs. 49-55). Evidentemente os proprietários e empresários paulistas não compartilhavam dessa visão e continuaram investindo em canaviais, em engenhos e em usinas, usando para tanto (total ou parcialmente) áreas dos latifúndios locais que eram até então reservadas para ampliação dos cafezais.

os problemas determinou a criação do IAA/Instituto do Açúcar e do Álcool, em 1933. A importância atribuída à ele foi tanta que tal órgão foi vinculado diretamente ao presidente da República.[15]

Das medidas então adotadas pelo IAA cabe aqui destacar quatro: o estabelecimento de quotas de produção, só que não por estado ou área, mas sim por agente produtor, fosse usina, fosse fornecedor/produtor de cana. A segunda envolveu a relação entre as produções de açúcar e de álcool, especificamente o carburante, a qual chegou a lançar mão da transformação de açúcar em álcool, ou seja, uma reversão quanto à obtenção de um produto final obtido[16]. A terceira foi que o IAA chamou para si a responsabilidade de estipular ou de definir os preços dos bens setoriais (do açúcar, do álcool, da cana e do melaço). A quarta foi que o órgão passou a monopolizar as exportações de açúcar, cujos preços eram, vez por outra, gravosos porque abaixo dos custos de produção.

Diferentemente do que aconteceu durante e logo após a Primeira Guerra Mundial, a Segunda não favoreceu as exportações brasileiras de açúcar: se elas foram de 68,57 mil toneladas métricas na média do quinquênio 1936-1940, situaram-se em 35,44 na média de 1941-45. E elas continuaram apresentado uma variação quantitativa muito grande pois se foram de 298 toneladas métricas em 1937, chegaram a 341,9 mil em 1948. E os preços continuaram relativamente baixos.[17] Adicione-se a isso o fato de que exportávamos, em esmagadora maioria, açúcar demerara, o qual era refinado nos países compradores. Entre 1930 e 1939 nosso principal comprador foi a Inglaterra (em apenas um desses anos, 1937, o Uruguai comprou mais). Quando a guerra começou deixamos de vender para os ingleses porque, como se sabe, os submarinos alemães torpedeavam os navios mercantes que buscavam levar mercadorias à Inglaterra. Durante a guerra e logo depois dela, nosso principal comprador foi o Uruguai e envolveu pequenas quantidades. Na maioria dos anos entre 1951 e 1960 o Japão foi nosso principal comprador. Isto porque foi interrompido as relações entre

---

[15] Para o devido conhecimento sobre a história (até 1975) da intervenção nas e planejamento das atividades da agroindústria canavieira do Brasil, é necessária a leitura da obra de SZMRECSÁNYI, 1979.

[16] A diferença entre o "problema do café" e o "problema do açúcar" pode ser compreendido pela seguinte comparação: no caso do café o governo de Vargas determinou a queima dos excedentes para buscar manter o preço de exportação (foram queimadas, entre 1931 e 1944, nada menos do que 4,69 milhões de toneladas de café (conforme COELHO, 2001, p. 7); no caso do açúcar ocorreu a mencionada transformação em álcool (medida que foi adotada entre 1935 e 1949). Sobre o "problema do café" cabe a leitura da obra de DELFIM NETTO, 1981.

[17] O *Anuário Açucareiro* do IAA de 1940 (p. 94), por exemplo, contém duas tabelas que mostram que, para seis safras das nove entre 1931/32 e 1939/40, ocorreram, na média, déficits de 39% entre o preço de aquisição pago pela CPDA/IAA + despesas até o destino e o valor obtido pela exportação.

esse país e a ilha de Formosa (Taiwan), que se tornara o principal fornecedor de açúcar àquele país, para o que contribuíram os investimentos de japoneses em grandes fábricas, enquanto pequenos agricultores taiwaneses se dedicavam à produção de cana, contando para tanto com subsídios e incentivos.[18]

Em 1933, no âmbito da Conferência Monetária e Econômica Mundial, que ocorreu em Londres, foram iniciados, a partir de uma proposta do governo de Cuba, estudos e negociações que deram origem ao Conselho Internacional do Açúcar (ou *International Sugar Council/I.S.C.*) e, em decorrência, ao Acordo Internacional do Açúcar em 1937. Esse acordo buscou também expandir o consumo mundial de açúcar, ao mesmo tempo em que criou uma política de contingenciamento da produção usando para tanto um sistema de "quotas de exportação", as quais poderiam ser complementadas dependendo da absorção dos países importadores. Tais quotas foram definidas com base nas médias das quantidades exportadoras do quinquênio imediatamente anterior ao acordo. Contudo, logo o acordo sofreu a influência do advento da Segunda Grande Guerra, cujo impacto pode ser avaliado pelos seguintes dados: nos seis maiores produtores europeus (Alemanha, Rússia e Ucrânia, França, Tchecoslováquia, Itália e Polônia), a produção da safra 1945/46 foi 45,8% da produção da safra de 1939/40; no caso de Java/Indonésia, Formosa e Filipinas, de apenas 3,2% (conforme dados apresentados por MONT'ALEGRE, outubro/1955). A produção da Indonésia não se recuperou no pós-guerra.

Cabe observar que as produções de açúcar de beterraba em países europeus eram subsidiadas pelos governos locais. Uma estimativa das subvenções totais anuais das políticas açucareiras de alguns deles, publicada pela *British Sugar Beet Society* em meados dos anos de 1930, indicava que elas variavam de um milhão de libras esterlinas (caso da Dinamarca) a trinta e sete milhões (caso da Alemanha), e que o subsídio, em *shillings* por quintal de açúcar produzido, varia de 10,34 na Holanda a 21,78 na Alemanha (conforme *Brasil Açucareiro*, julho/1935, p. 274 e 289).

Mas se de um lado do Atlântico o EUA tinha seu mercado de açúcar garantido pelo *Sugar Act*, que pagava preços remuneradores e relativamente estáveis aos antigos participantes do programa, aos quais, se juntaram outros

---

[18] Para dois estudiosos, "Em 1929, as exportações de Formosa atingiram 750.000 toneladas e atenderam a quase todo o abastecimento do Japão. Embora o processamento se transformasse em grande indústria [...] Até a década de 30, a maior ênfase era colocada no desenvolvimento de Formosa como exportadora de açúcar e arroz para o Japão e como mercado de produtos manufaturados" (JOHNSTON e KILBY, 1977, p. 259/60). Cabe notar a contradição em que caem os autores: reconhecem o açúcar como produto de grande indústria, mas, em seguida, o colocam ao lado do arroz como bem agrícola para ser trocados com bens manufaturados.

com o passar do tempo, do outro lado, novos mercados "especiais" surgiram, também com base em acordos baseados em protecionismo e apoio estatal. Devido a isso, tais arranjos internacionais de compra e venda de açúcar passaram a ser conhecidos como "mercados preferenciais" e todos os que ficaram fora deles, o que incluía o Brasil, passaram a depender de vendas e compras no chamado Mercado Livre Mundial (MLM). O Brasil passou a ter quota no mercado estadunidense somente após o rompimento Cuba-EUA em 1961 e entre esse ano e 1965 o EUA foi nosso maior comprador. Mais dados e comentários sobre o comércio com tal país ficam para o próximo capítulo. Entre 1941 e 1965 apenas cinco vezes os europeus apareceram como principais compradores: a Inglaterra, em 1953 (99,4 mil t) e em 1957 (139,8 mil t); a França, em 1948 (87 mil t) e em 1949 (10,7 mil t); Portugal, em 1951 (11 mil t).

I.3 – O advento da "Guerra Fria" e seus efeitos até 1960

Desde logo é bom explicitar que o acima comentando deveu-se ao novo contexto mundial que se formou após a Segunda Grande Guerra, o qual associou um problema de natureza econômica ao problema de natureza política, ambos decorrentes da Guerra Fria e cuja manifestação passou a ser a busca de parceiros internacionais, algumas vezes de maneira não pacífica ou diplomática, mas sempre com fundamento ideológico. O problema de natureza econômica deveu-se à "forçada" de barra do EUA para impor o dólar como moeda de finanças e comércio mundiais, o que gerou resistência por parte de muitos países para expressar os respectivos saldos das balanças comerciais e balanças de pagamentos na moeda estadunidense. [19]

Convém agora introduzir poucas observações sobre os outros dois mercados preferenciais.

O segundo deles, como não poderia deixar de ser, foi o Comecon/ Conselho Econômico de Assistência Mútua, criado em 1948. Liderado pelo União Soviética e composto pelos seguintes países, além da U.R.S.S.: Bulgária; Alemanha Oriental; Tchecoslováquia; Hungria; Polônia; Romênia; em 1962 a Mongólia foi adiciona e Cuba em 1964 (que em 1972 tornou-se membro oficial). Em 1961 a Albânia retirou-se e em 1964 a Iugoslávia passou a ser "associada". Em 1978 o Vietnã adentrou o bloco e entre 1949 e 1990 ele envolveu nada menos do que 450 milhões de pessoas.

---

[19] É sabido que os estadunidenses desdenharam, para dizer pouco, a proposta levada à Bretton Woods pelo representante do governo inglês, o Sr. John Maynard Keynes, considerado o mais importante e respeitado economista do século XX. Bretton Woods é a cidade (localizada a 46 km de Washington) onde ocorreram as negociações que deram origem ao Fundo Monetário Internacional e às outras instituições ou organizações de âmbito mundial.

Cabe observar que a U. R. S. S. recebeu tratamento especial do Conselho Internacional do Açúcar[20] pois no período de 1954-60, 36% do açúcar por ela importado ficou fora do que fora acordado com aquele conselho, sendo que a produção de açúcar local foi elevada em nada menos do que 83% entre 1951/53 e 1959/61 (dados extraídos de *I. S. C.* 1963, p. 82/3).

O terceiro mercado preferencial, o da Comunidade Britânica, foi criado em 1951 sob a liderança do Reino Unido e passou a ser conhecido pela sigla CSA/*Commonwealt Sugar Agreement*. Ele abrangeu muitos países (Austrália, África do Sul, Índias Ocidentais Britânicas, Ilhas Maurício, Fiji, os territórios da África Oriental etc) "cuja história colonial havia sido atrelada à do império Britânico [...] sendo o açúcar a única mercadoria a abranger todas as Possessões". Ademais, "A Nova Zelândia e o Canadá também se beneficiavam do acordo, enquanto importadores preferenciais" (SAMPAIO, 2014, p. 213/4).

A importância do CSA para o Reino Unido fica indicada pelos seguintes dados: a participação média do açúcar proveniente dos países que o compunham, no total importado, que foi de 43,4% em 1951-53, chegou a 67,7% em 1959-61 e, no mesmo período, a produção própria foi expandida em 32,7% (*I. S. C.*, 1963, p. 86). No primeiro acordo do CSA o total de quotas distribuídas foi de 2,38 milhões de toneladas, no final da década de 1960 o total foi de 1,8 milhão.[21] No entanto, cabe destacar que, devido ao problema econômico-político há pouco mencionado (imposição do dólar como moeda de comércio e de transações financeiras internacionais), a Inglaterra chegou a sonegar informações sobre e a impor restrições ao consumo interno de açúcar durante parte da década de 1950.[22]

---

[20] O Conselho Internacional do Açúcar alterou sua denominação, em 1968, para Organização Internacional do Açúcar/I. S.O., na sigla em inglês), a qual passou a se encarregar da coleta de dados e informações sobre o mercado mundial de açúcar e de coordenar e sediar as reuniões sobre a busca de acordos internacionais sobre tal mercado. O acordo de 1937 foi prorrogado até 1952; outros acordos ocorreram em 1953, 1958, 1968 e 1977 (comentários sobre eles serão feitos a seguir).

[21] Conforme SAMPAIO, 2014, p. 214, cuja tabela mostra que no primeiro acordo as Índias Ocidentais Britânicas foram contempladas com 900 mil toneladas.

[22] Como lembrou MONT'ALEGRE, 1976/7, p. 188, a Grã-Bretanha chegou ao extremo de "às vezes [...] preferir lançar mão de seus estoques a comprar o produto na área do dólar" e na conferência de 1953 (a seguir mencionada) chegou a defender a posição de que apenas "facilitaria a expansão do consumo se pudesse fazer importações pagáveis em libra esterlina (MONT'ALEGRE, 1976, p. 190, na qual o autor lista os "fatores políticos" que dificultaram as negociações do acordo de 1953. A pressão exercida pelo país foi determinante para que ele tenha sido beneficiado com a elevação da quota dos países ou áreas da Comunidade Britânica, o que ocorreu mesmo considerando que o Conselho Internacional do Açúcar foi incorporado à ONU no âmbito da Comissão Provisória de Coordenação dos Acordos de Produtos de Base).

Mas esses três mercados preferenciais, embora os mais importantes econômica e politicamente, não foram os únicos. Portugal e Holanda tinham igualmente mercados especiais com suas ex-colônias. A França também cogitou ter o seu mercado preferencial, o que foi inclusive defendido na imprensa local. Tais mercados ou arranjos especiais eram reconhecidos pelo Conselho Internacional do Açúcar e o fato é que eles se pautavam por ajudas mútuas e funcionavam à base de preferências e preços diferenciados dos do mercado livre mundial, geralmente de níveis mais altos e não dependentes da chamada "lei da oferta e procura".[23] E eles também foram responsáveis pela grande maioria das quantidades do comércio mundial de açúcar. Para um autor "apenas 12% da produção mundial de açúcar é comercializado no denominando 'mercado livre' mundial [...] um mercado extremamente deprimido e volúvel, apresentando reações violentas às tensões internacionais e à alterações na oferta e na procura" (BARROS, 1968:477).

Em 1953, a realização, em Londres, da Conferência Internacional do Açúcar, deu origem ao acordo de então e envolveu 52 países. As dificuldades para definição das quotas de exportação foram marcadas pelas posições divergentes sobre elas, as quais decorriam: a) da tendência à autossuficiência nos países produtores de açúcar de beterraba, o que limitava as possíveis exportações dos outros; b) os excessos de produção e, portanto, necessidade de maiores exportações por parte de Cuba; c) da busca de recuperação das produções e, portanto, das vendas externas da Indonésia, das Filipinas e de Formosa/Taiwan; d) finalmente, da nova condição de produção/exportação do pós-guerra de alguns países, entre os quais coube destaque ao Brasil, mas que incluía a República Dominicana e o Peru. Como o Brasil e o Peru não foram contemplados em suas demandas, não ratificaram o acordo e, junto com a Índia e a Indonésia, tornaram-se "francos atiradores" no mercado mundial, o que contribuiu para o não êxito da defesa do preço no mercado livre mundial.

No acordo de 1958 houve a preocupação, durante as negociações iniciadas pela ação do governo cubano, de garantir a participação do Brasil e do Peru e nele se destacou a preocupação, por parte da delegação estadunidense quanto à luta interna em Cuba. Também foi objeto de alerta a continuação da busca de autossuficiência dos países europeus, alguns deles agora reunidos devido ao advento, em 1957, do Tratado de Roma, que deu

---

[23] Mais dados e comentários sobre os três mercados preferenciais destacados serão feitos no capítulo seguinte.

origem à CEE/Comunidade Econômica Europeia, formada inicialmente pela Alemanha, França, Bélgica, Holanda, Itália e Luxemburgo. Em decorrência de tais questões, o acordo acabou sendo marcado pela criação de "válvulas de escape", o que, obviamente, não poderia garantir a estabilização ou o equilíbrio do mercado.

O fato é que o mercado mundial de açúcar foi significativamente alterado na passagem da década de 1950 para a de 1960. Em 1962 ocorreria a criação da PAC/Política Agrícola Comum da CEE, mas comentários os desdobramentos de tais fatos ficam para o próximo capítulo.

A Tabela I.1 traz dados sobre os principais países do mercado mundial de açúcar centrifugado entre meados da década de 1930 e final da década de 1950. A fonte dos dados de tal tabela traz importantes informações sobre as políticas açucareiras dos países que dela constam, bem como de outros, assim como dados sobre o mercado interno de açúcar não-centrifugado em alguns países, o que é apresentado na Tabela I.2.

Em 1934-38 os países que tinham maiores superávits (produção>consumo) eram os que apresentavam mercados internos relativamente pequenos e, na maioria, eram colônias ou ex-colônias, com exceções, pode-se dizer, da Polônia e da Tchecoslováquia. Essa observação tem em conta a lista dos dez com maiores superávits em 1956-60. Os déficits constatados deveram-se tanto ao crescimento do consumo *per capita* como das populações dos países que constam da tabela.[24]

---

[24] O consumo *per capita* mundial de açúcar de todos os tipos, que foi de 11,3 kg em 1934-38, segundo dado de MONT'ALEGRE, 1971(a) p. 88; passou para 16,5 kg em 1956-60 (segundo cálculo por interpolação, já que em 1970 foi de 19,3, conforme o mesmo autor). Dados quanto ao consumo *per capita* de açúcar centrifugado apresentaram os seguintes níveis em 1934-38 e em 1956-60: no EUA, 47,0 e 47,2; no Reino Unido, 48,4 e 54,9; na França, 24,7 e 32,4; na Alemanha Ocidental, 26,9 e 30,9; na Alemanha Oriental, 25,2 e 32,4; na Índia, 3,2 e 5,3; na China, 1,0 e 1,8; no Brasil, 17,1 e 34,7; no México, 15,1 e 31,5; na Polônia, 11,8 e 30,0, no Japão, 12,3 e 13,8; na Itália, 7,9 e 19,9; na Indonésia, 4,6 e 7,8; na Dinamarca, 55,3 e 58,5; na Austrália, 53,1 e 57,8; na África do Sul, 20,3 e 41,1 (dados de *I. S. C.*, 1963, várias páginas).

TABELA I.1 – OS PRINCIPAIS PAÍSES DO MERCADO MUNDIAL DE AÇÚCAR <u>CENTRIFUGADO</u> ENTRE 1934-38 E 1956-60 (número em milhões de toneladas; ordenação pela situação de maiores produtores em 1934-38)

PAÍSES	OS 10 MAIORES PRODUTORES						OS 10 MAIORES CONSUMIDs.		OS 10 com maiores superávits		Os10 com maiores déficits.	
	Prod. Total		Pd. Aç. Cana		Pr. Aç. Beter.							
	1934-38	1956-60	1934-38	1956-60	1934-38	1956-60	1934-38	1956-60	1934-38	1956-60	1934-38	1956-60
1.EUA (4)	3,49	4,31	2,21	2,42	1,28	1,89	6,12	8,38	-x-	-x-	2,63	4,07
2.Cuba	2,74	5,61	2,74	5,61	-x-	-x-	(0,16)	(0,31)	2,58	5,30	-x-	-x-
3.Rússia(3)	1,92	5,09	-x-	-x-	1,92	5,09	1,92	5,48	-x-	-x-	-x-	0,39
4.Alema-nha (2)	1,47	2,15	-x-	-x-	1,47	2,15	1,79	2,24	-x-	-x-	0,55	0,24
5.Índia	0,96	2,08	0,96	2,08	-x-	-x-	0,98	2,23	-x-	-x-	(0,02)	(0,15)
6.Polônia	0,95	(1,07)	-x-	-x-	0,95	1,07	(0,38)	(0,86)	0,57	0,20	-x-	-x-
7.França	0,95	1,43	-x-	-x-	0,95	1,43	1,03	1,45	-x-	-x-	0,09	(0,02)
8.Indonésia	0,91	(0,82)	0,91	0,82	-x-	-x-	(0,31)	(0,69)	0,61	(0,13)	-x-	-x-
9.Filipinas	0,90	1,26	0,90	1,26	-x-	-x-	(0,12)	(0,29)	0,78	0,97	-x-	-x-
10.Austrália	0,77	1,32	0,77	1,32	-x-	-x-	(0,36)	(0,58)	0,41	0,75	-x-	-x-
11.Brasil	(0,67)	2,66	0,67	2,66	-x-	-x-	0,65	2,18	(0,02)	0,48	-x-	-x-
12.Tchecos-lováquia	(0,65)	(0,79)	-x-	-x-	0,65	0,79	(0,40)	(0,51)	0,25	0,28	-x-	-x-
13.China	(0,51)	(1,02)	0,50	(0,80)	(0,01)	(0,22)	0,47	1,17	(0,04)	-x-	-x-	(0,15)
14.Reino U.	(0,49)	(0,75)	-x-	-x-	0,49	0,75	2,31	2,86	-x-	-x-	1,82	2,11

| | OS 10 MAIORES PRODUTORES | | | | | | OS 10 MAIORES CONSUMIDs. | | OS 10 com maiores superávits | | Os10 com maiores déficits. | |
| | Prod. Total | | Pd. Aç. Cana | | Pr. Aç. Beter. | | | | | | | |
PAÍSES	1934-38	1956-60	1934-38	1956-60	1934-38	1956-60	1934-38	1956-60	1934-38	1956-60	1934-38	1956-60
15.Itália	(0,37)	1,10	-x-	-x-	0,37	1,10	(0,34)	(0,97)	-x-	-x-	-x-	-x-
16.México	(0,32)	(1,08)	(0,32)	1,08	-x-	-x-	(0,28)	1,02	-x-	-x-	-x-	-x-
17.Japão	(0,04)	(0,10)	-x-	-x-	(0,04)	(0,10)	0,87	1,26	-x-	-x-	0,82	1,16
18.Rep. Dominicana	(0,45)	(0,83)	0,45	0,83	-x-	-x-	(0,02)	(0,07)	0,43	0,76	-x-	-x-
19.Peru	(0,38)	(0,71)	(0,38)	(0,71)	-x-	-x-	(0,08)	(0,24)	0,30	0,48	-x-	-x-
20.Áf.doSul	(0,41)	(0,89)	(0,41)	0,89	-x-	-x-	(0,22)	(0,66)	0,19	0,23	-x-	-x-
21.Fiji	(0,14)	(0,20)	(0,14)	(0,20)	-x-	-x-	(0,01)	(0,01)	0,14	(0,19)	-x-	-x-
22.Jamaica	(0,10)	(0,38)	(0,10)	(0,38)	-x-	-x-	(0,02)	(0,06)	(0,08)	0,32	-x-	-x-
23.Irã	(0,02)	(0,10)	-x-	-x-	(0,02)	(0,10)	(0,10)	(0,36)	-x-	-x-	0,08	0,26
24.Marrocos	Não p.	Não p.	-x-	-x-	-x-	-x-	(0,18)	(0,35)	-x-	-x-	0,18	0,35
25.Espanha	(0,23)	(0,44)	(0,02)	(0,03)	(0,21)	0,41	(0,31)	(0,46)	-x-	-x-	0,08	(0,03)
26.Holanda	(0,23)	(0,45)	-x-	-x-	0,23	0,45	(0,26)	(0,49)	-x-	-x-	-x-	-x-
27.Belgica+ Luxemburgo	(0,24)	(0,35)	-x-	-x-	0,24	(0,35)	(0,25)	(0,32)	-x-	-x-	-x-	-x-
28.Argentina	0,42	0,81	0,43	(0,81)	-x-	-x-	(0,43)	(0,71)	-x-	-x-	-x-	-x-
26.Chile	Não p.	(0,02)	-x-	-x-	-x-	(0,02)	(0,12)	(0,23)	-x-	-x-	0,12	0,20
27.Suiça	(0,01)	(0,04)	-x-	-x-	(0,01)	(0,04)	(0,17)	(0,25)	-x-	-x-	0,16	0,21

PAÍSES	OS 10 MAIORES PRODUTORES						OS 10 MAIORES CONSUMIDs.		OS 10 com maiores superávits		Os10 com maiores déficits.	
	Prod. Total		Pd. Aç. Cana		Pr. Aç. Beter.							
	1934-38	1956-60	1934-38	1956-60	1934-38	1956-60	1934-38	1956-60	1934-38	1956-60	1934-38	1956-60
28.Canadá	(0,07)	(0,14)	-x-	-x-	(0,07)	(0,14)	0,49	(0,78)	-x-	-x-	0,42	0,64
29.Nova Zelân-dia	Não p.	Não p.	-x-	-x-	-x-	-x-	(0,08)	(0,11)	-x-	-x-	0,08	(0,11)

Fonte: *International Sugar Council*, 1963, várias páginas.

Notas: 1-Dada a indisponibilidade na publicação-fonte de dados referentes às exportações e importações líquidas pelos países em 1934-38 foi necessário recorrer, para a comparação, aos saldos entre produção e consumo total nos dois quinquênios. Como se sabe, o que principalmente diferencia esses dados é a existência e o carregamento de estoques; 2-Os números da Alemanha referem-se às duas, tanto em 1934-38 como em 1956-60; 3-Em 1956-60 os números referem-se à U.R.S.S. e não à Rússia; 4-Os dados do EUA referem-se à área continental + áreas insulares (Havaí, Porto Rico e Ilhas Virgens).

O caso do Brasil merece comentário específico já que o país ocupou a quinta posição quanto aos maiores consumos totais em 1956-60 ao mesmo tempo em que apresentou superávit significativo nesse quinquênio, o que lhe rendeu a quarta posição nesse quesito. Os dados apresentados a seguir permitem compreender como isso foi possível.

A população brasileira cresceu 72,2% entre 1940 e 1960, mas a população urbana cresceu significativos 175,7% no período, enquanto a rural cresceu 39,5% (conf. dados de PATARRA, 1986, p. 263). O consumo *per capita* de açúcar centrifugado foi expandido em 102,9% e seu consumo total cresceu 235,4%; enquanto a produção e o consumo de açúcar não-centrifugado recuaram (ver os dados da Tabela I.2). Portanto, o que explica o ocorrido foi que a produção de açúcar centrifugado cresceu 297%.[25]

O fato é que o país viveu um processo sócio/econômico e político ocasionado pelo chamado "desenvolvimentismo" que, em grande parte do tempo entre 1930 e 1960, foi comandado pelos presidentes Getúlio Vargas e Juscelino Kubitschek. Tal processo intensificou sobremaneira a urbanização e a industrialização da economia brasileira e permitiu a convergência de dois efeitos no mercado interno de açúcar: o efeito-renda (principalmente pela elevação do emprego industrial e das remunerações urbanas) e o efeito-substituição do açúcar não-centrifugado pelo centrifugado.

Sem espaço e necessidade de considerar outros casos, cabe mencionar o da Indonésia ou Java, também por sua especificidade. Tratou-se de uma área em que o saldo superavitário que a colocou em segundo lugar em 1934-38 passou para um número bastante menor em 1956-60. Isso se deveu ao recuo da produção local (de 913 mil t. m. para 818), ao mesmo tempo em que o consumo total mais do que dobrou e o consumo *per capita* (ambos de açúcar centrifugado) cresceu quase 70%, o que pode ser constatado nos dados da fonte da tabela, a qual também mostra que a exportação da Indonésia foi, na média anual de 194-38, de mais de um milhão de toneladas métricas de açúcar centrifugado e que ela caiu para 102.257 t. m. no quinquênio 1951-55 (I. S.C., 1963, p. 222). Para dois autores isso se deveu:

---

[25] Outra contribuição ao processo acima descrito veio do comportamento dos preços do açúcar. Entre 1933 e 1941, o açúcar foi o segundo produto com menor elevação de preço entre diversos gêneros alimentícios, ficando atrás apenas do arroz; no mesmo período, o preço (por quilo) de aquisição para o consumidor do açúcar refinado de primeira qualidade não se alterou; finalmente, entre 1952 e 1962, o preço real do açúcar cristal standard fixado pelo IAA (para o saco de 60 kg) apenas em 1956 foi maior do que as médias de 1952-55 e de 1957-1962. (ver dados em RAMOS, 1983, págs. 11, 10 e 21).

[...] às políticas de restrição ao comércio, adotadas em consequência da Grande Depressão, (as quais) foram desastrosas para a indústria açucareira de Java. Depois da Segunda Guerra Mundial, o investimento em pesquisa para a cana-de-açúcar mudou principalmente, para países importadores e, dentre estes, para os países com mercados protegidos (HAYAMI e RUTTAN, 1988, p. 438).

Outro fato a destacar é que os países metropolitanos, ao "perderem" suas colônias (o caso mais expressivo é o da Inglaterra) ampliaram e/ou passaram a produzir em seus territórios açúcar de beterraba. Em contrapartida, algumas das ex-colônias perderam, parcial ou totalmente, seus mercados externos, mas tiveram elevações de suas produções para atenderem seus mercados internos, os quais apresentaram elevações dos consumos *per capita* (casos indicativos disso são os de Trinidad e Tobago e Fiji). Portugal, cujo abastecimento do mercado interno era totalmente dependente da produção de açúcar de cana de suas ilhas no Atlântico, passou a produzir açúcar de beterraba no seu espaço. [26]

TABELA I.2 – DADOS SOBRE OS MERCADOS DE AÇÚCAR NÃO CENTRIFUGADO EM DIVERSOS PAÍSES – MÉDIAS DE 1934-38 E DE 1956-60 (números em mil toneladas; C.P.C.=consumo *per capita* em kg/pessoa)

PAÍSES	DADOS DE 1934-38			DADOS DE 1956-60		
	PROD.	CON-SUMO	C. P.C.	PRO-DUÇÃO	CON-SUMO	C. P.C.
1.Índia	3.691,0	3.200,0	10,6	3.612,0	3.612,0	8,7
2.Paquistão	668,0	645,0	10,6	944,0	1.078,0	12,1
3.Colômbia (*)	630,0	618,0	97,8	678,0	678,0	50,1
4.BRASIL	340,0	364,0	9,6	270,0	270,0	4,3
5.Burma (hoje Myanmar)	76,0	78,0	5,0	145,0	144,6	7,1
6.Indonésia	73,0	57,0	0,9	132,0	128	1,5
7.México	67,0	67,0	3,6	139,0	139,0	4,3
8.Filipinas	55,0	55,0	3,8	65,0	65,0	2,7
9.Venezuela	55,0	48,0	14,4	63,0	62,6	9,9

---

[26] Alguns países que foram colônias e respectivas datas de independência e metrópoles: Austrália, 1942 (Inglaterra); Barbados, 1966 (Inglaterra); Costa Rica, 1848 (Espanha); El Salvador 1821 (Espanha); Fiji, 1970 (Inglaterra); Guatemala, 1821 (Espanha); Indonésia, 1945 (Holanda); Jamaica, 1932 (Inglaterra); Malásia, 1957 (Inglaterra); Marrocos, 1956 (França); Nova Zelândia, 1947 (Inglaterra); República Dominicana, 1865 (Espanha); Suriname, 1975 (Holanda); Trinidad e Tobago, 1962 (Inglaterra); Índia, 1947 (Inglaterra), Suazilândia, 1968 (Inglaterra).

PAÍSES	DADOS DE 1934-38			DADOS DE 1956-60		
	PROD.	CON-SUMO	C. P.C.	PRO-DUÇÃO	CON-SUMO	C. P.C.
10.Guatemala	28,0	27,0	13,2	67,0	67,0	18,8
11.Taiwan (ex Formosa)	27,0	Não disponível	n. d.	21,0	n. d.	n. d.
12.Tailândia	15,0	13,0	0,9	46,0	46,0	2,1
13.Costa Rica	14,0	12,0	21,3	28,0	27,6	25,6
14.Equador	14,0	12,0	5,4	24,2	24,2	6,0
15.El Salvador	13,0	13,0	8,4	24,6	24,6	10,1
16.Honduras	13,0	17,0	16,2	16,8	16,8	9,2
17.Peru	8,0	9,0	1,4	25,0	25,2	2,5
18.Nicarágua	6,0	6,0	8,0	22,0	22,0	16,0
19.Panamá	2,0	2,0	3,6	8,0	7,8	7,8
20.China	Não há dados na fonte			500,0	n. d.	n. d.
21.Vietnã	Não produzia	n. d.	n. d.	19,8	19,7	1,5
22.Japão	Não produzia	90,3	1,3	4,6	77,3	0,8

Fonte: *I. S. C.*; 1963, diversas páginas.
Nota: (*) Chama a atenção os altos consumos *per capita* da Colômbia, o que não pode ser aqui explicado.

Ainda quanto aos países com déficits comerciais de açúcar centrifugado, cabe notar os altos números que destacavam os casos do EUA, do Reino Unido e do Japão nos dois quinquênios considerados na Tabela I.1, bem acima dos déficits de outros países, aos quais se juntaram dois países que não produziram açúcar centrifugado nos dois períodos (Marrocos e Nova Zelândia); dois países (Suíça e Canadá) que produziram muito pouco (em relação aos seus mercados internos); um país (Chile) que não produzia em 1934-38 e passou a produzir em 1956-60 e, finalmente, um país (Irã) que elevou significativamente sua produção, mas não a ponto de atender totalmente o consumo interno.

Como se vê nos dados da Tabela I.2, boa parte dos países que nela aparecem (todos os que tem dados na publicação-fonte) são países das Américas do Sul e Central. O único país considerado desenvolvido para o qual há dados de produção de açúcar não centrifugado em 1956-60 é o Japão. Nele e em outros países listados constata-se que o consumo *per capita* desse açúcar caiu no período, mas foi elevado em diversos outros. O caso da China chama a atenção pela falta de dados e o da Índia pela grande produção daquele açúcar nos dois períodos, as quais foram maiores do que a de açúcar centrifugado, como a comparação com os dados da Tabela I.1 evidencia (os consumos *per capita* também foram maiores nos dois períodos). No caso do Brasil, enquanto a produção de açúcar não-centrifugado caiu de 340 mil t. m. em 1934-38 para 270 mil, a produção de centrifugado cresceu de 673 mil para 2,66 milhões; o consumo de não-centrifugado, que fora de 364 mil em1934-38, passou a ser de 270 mil em 1956-60; o consumo de centrifugado foi elevado de 649 mil para 2,18 milhões de t. m. em 1956-60. Portanto, tratou-se de um processo de avanço técnico na produção nacional de açúcar e de um efeitos-substituição no consumo doméstico de açúcar.[27]

Os comentários sobre os casos buscaram superar o limite imposto pela estática comparativa, ou seja, a comparação entre números de um ano ou médias de poucos anos, o que não elucida os processos ocorridos. Mas não se incorre em erro afirmar que em alguns países foi o avanço tecnológico que influenciou o hábito de consumo, determinando o efeito-substituição, em outros pode ter ocorrido que foi este efeito, sob a influência de padrões externos de consumo, que provocou a mudança técnica na produção/oferta interna de açúcar.

Outro aspecto a considerar é quanto à distinção no consumo de açúcar, vale dizer, a distribuição entre consumo doméstico e consumo não doméstico ou industrial, uma denominação aparentemente não adequada porque todo consumo de açúcar acaba sendo, afinal, doméstico. A publicação *I. S. C.*, 1963, traz dados sobre isso apenas para poucos países. Na média do quinquênio 1956-60 os consumos industriais atingiram as seguintes porcentagens: na Áustria, 19,5%; na Austrália, 49%; na África do Sul, 19,8%; na Alemanha Ocidental, 44%; na Polônia, 26,2%; na Tchecoslováquia, 35,2%; no Canadá, 48,5%, na Nova Zelândia, 36%.

A Tabela I.3 traz os dados de produção e consumo de açúcar organizados por continentes e subcontinentes. Eles mostram que na Europa e na América do Norte, entre 1934-38 e 1956-60, os déficits tornaram-se maiores;

---

[27] Contudo, como observou MONT'ALEGRE, 1969, p. 58, "nos anos da década dos 1920, os tipos não centrifugados cobriam mais de 50% da produção nacional, sintoma de que, na terceira década do século XX, as centrífugas estavam ausentes de grande número de fábricas" do Brasil, o que ele e um ex-presidente do IAA (Gileno De Carli) atribuíram ao atraso da modernização tecnológica de parte da produção nacional "em relação a outros centros de produção do mundo".

na Ásia e na África, de excessos passou-se a ter significativos déficits, o que indica que, nessas áreas continentais, os consumos de açúcar centrifugado elevaram-se mais do que as produções. As duas outras Américas (Central e do Sul) e a Oceania, apresentaram, nos dois quinquênios, excessos, o que as caracterizam claramente como áreas exportadoras, algo relacionado, sem dúvida, aos seus passados coloniais, o que é mais evidente no caso da América Central (na qual a fonte dos dados incluiu o México), área em que, apesar do consumo de açúcar centrifugado ter triplicado, o excesso da produção cresceu 86%. Na América do Sul, o menor crescimento do consumo em relação à produção permitiu que o excesso fosse ampliado em 250% (de 293 mil t. m. para 1.027). Na África ocorreu o maior crescimento do consumo total.

TABELA I.3 – PRODUÇÃO E CONSUMO DE AÇÚCAR CENTRIFUGADO POR CONTINENTE EM 1934-38 E EM 1956-60 (números em mil toneladas métricas)

CONTINENTES		DADOS DE 1934-38		DADOS DE 1956-60		Crescimento %	
		Aç. Cana	Aç. Be-terraba	Aç. De Cana	Aç. De Beterraba	Aç. C.	Aç. B.
EUROPA	Produção	23	8.625	33	15.879	43,48	84,10
	Consumo	10.825 (déficit de 2.177)		18.942 (Déficit de 3.030)		74,98	
AM. DO NORTE	Produção	386	1.351	519	2.030	34,46	50,26
	Consumo	6.515 (Déficit de 4.778)		9.018 (Déficit de 6.469)		38,42	
AMÉRICA CENTRAL	Produção	4.975	0,0	9.975	0,0	100,50	-x-
	Consumo	629 (Excesso de 4.346)		1.884 (Excesso de 8.091)		199,52	
AMÉRICA DO SUL	Produção	1.763	0,0	5.126	00	190,75	-x-
	Consumo	1.470 (Excesso de 293)		4.099 (Excesso de 1.027)		178, 84	
ÁSIA	Produção	4.382	72	6.122	441	39,71	512,5
	Consumo	3.554 (Excesso de 900)		7.657 (Déficit de 1.094)		115,45	
ÁFRICA	Produção	1.111	0,0	2.433	0,0	118,99	-x-
	Consumo	844 (Excesso de 267)		2.530 (Déficit de 97)		199,76	

CONTINENTES		DADOS DE 1934-38		DADOS DE 1956-60		Crescimento %	
		Aç. Cana	Aç. Be- terraba	Aç. De Cana	Aç. De Beterraba	Aç. C.	Aç. B.
OCEANIA	Produção	1.892	0,0	2.446	0,0	29,28	-x-
	Consumo	477 (Excesso de 1.415)		753 (Excesso de 1.693)		57,86	
TOTAIS MUNDIAIS	**Produção**	**14.532**	**10.048**	**26.654**	**18.350**	83,42	82,62
	Consumo	24.314 (Excesso de 266)		44.883 (Excesso de 121)		84,60	-x-

Fonte: *International Sugar Council*, 1963, várias páginas.
Notas: O México está considerado na América Central, conforme a fonte.

Fenômeno aparentemente estranho aconteceu na Oceania, onde a produção apresentou o menor crescimento entre os continentes e subcontinentes, tendo crescido menos do que o consumo, mas o excesso cresceu. Os dois únicos países desse continente cujos dados de produção e consumo de açúcares constantes do relatório da fonte (*I. S. C.*, 1963) são a Austrália e Fiji e, em ambos, pelos que consta na fonte, não há dado sobre o açúcar não centrifugado. Considerando que a produção total desses dois países cresceu de 911 mil t. m. de açúcar centrifugado em 1934-38 para 1,527 milhões em 1956-60, com o consumo total tendo se elevado de 366,7 mil t. m. para 589,6 mil t. m., ou seja, crescimentos de 67,62% e de 60,79% (portanto, crescimento maior da produção) constata-se que um movimento inverso ocorreu em todo o continente (o consumo cresceu 57,9% e a produção 29,3%). Isto pode ser tomado como indicação de que os demais países ou áreas do continente passaram a importar açúcar centrifugado daqueles dois países, os quais continuaram exportando também para outros continentes. Convém observar que o único outro país local de contingente populacional expressivo era (e é) a Nova Zelândia, que não produzia (e não produz) açúcares. Não se pode descartar a hipótese de que havia mercado interno de açúcar não centrifugado em áreas/países locais, os quais são de pequenas dimensões geográficas e que, como tal, não tinham seus dados coletados pelo *I. S. C.*[28]

---

[28] Cabe registrar que, enquanto a produção mundial, no período 1939-1964, foi elevada de 26,3 milhões de toneladas para 59,8 milhões (crescimento de 126,9%) o consumo cresceu 24,1 milhões para 54,8 milhões (expansão de 127,1%), sendo que "mais de dois terços do incremento do consumo, no período, foram cobertos através da produção doméstica desenvolvida em países importadores" (MONT'ALEGRE, 1976/7, p. 258).

Finalmente, convém esclarecer que a produção de açúcar de cana pode ser feita tanto com o emprego do chamado sistema de moendas (o qual tem sido mais comum no Brasil) e que permite tanto a obtenção de açúcar centrifugado como de açúcar não-centrifugado, como com o emprego do processo de difusão, originalmente utilizado para a extração da sacarose da beterraba. A produção de açúcar de beterraba utiliza apenas esse segundo processo e o açúcar bruto daí proveniente tem que ser centrifugado, ou seja, não há açúcar não-centrifugado de beterraba.[29]

---

[29] Alguns especialistas chamam a atenção para o fato de que o processo de difusão permite a obtenção de um açúcar de melhor qualidade ou com menor índice de impureza. Outros autores mencionam que ele consome menos energia. Um estudo sobre os dois processos e sobre a predominância no Brasil do sistema de moendas encontra-se em PIACENTE, 2010.

Capítulo II

A EVOLUÇÃO PROBLEMÁTICA ENTRE 1961 E 1974: A (POSSÍVEL) FALTA DE AÇÚCAR NO MUNDO E SEUS SUBSTITUTOS

Sinopse: Este capítulo analisa os eventos que impactaram os mercados mundiais de açúcar entre 1961 e 1974, período marcado pela tensão mundial decorrente da Guerra Fria. Tais eventos foram responsáveis pela grande elevação dos seus preços no mercado livre mundial e nos mercados preferenciais, assim como nas mudanças neles ocorridas; relaciona tais eventos com as pessimistas estimativas quanto ao abastecimento mundial de açúcar e com a significativa elevação do consumo de seus substitutos (naturais e/ou sintéticos), assim como com a criação e expansão da Comunidade Econômica Europeia, destacando deste contexto o caso do Brasil, cuja orientação estatal buscou a recuperação da liderança na oferta mundial do produto.

A conjuntura econômica e política mundial, entre o início da década de 1960 e o da 1970, foi bastante conturbada devido à Guerra Fria. No tocante ao tema que aqui é tratado, três fatos interagiram para isso: o rompimento das relações Cuba-EUA em 1961; a especulação com *commodities* que começou no início da década de 1970 e se prolongou por boa parte dela e, finalmente, as previsões sobre uma possível falta de açúcar no contexto mundial, algo que merecerá maior atenção em seguida. Para MONT ÁLEGRE, 1976/77 p. 244, três "questões de fundo" foram determinantes para a instabilidade no mercado mundial de açúcar na época: a primeira delas, "a dificuldade de harmonizar [...] os interesses de Cuba e dos Estados Unidos"; a segunda, "a instabilidade político-econômica das jovens nações africanas e os interesses das antigas metrópoles"; a terceira, "o atraso na implementação da política agrícola da Comunidade Econômica Europeia". Tais questões também serão contempladas na análise a seguir.

Em outubro de 1960, em decorrência de divergências políticas com Washington, o governo revolucionário cubano nacionalizou 382 grandes empresas, sendo 105 delas centrais açucareiras. Para se ter uma ideia do impacto dessa nacionalização nas relações Cuba-EUA, cabe mencionar que, em 1959, capitais estadunidenses ainda eram responsáveis por 36 engenhos açucareiros em Cuba, os quais participaram com 36,65% da produção anual (2,12 milhões de toneladas métricas das 5,78 produzidas. Dados de LÓPEZ, 1982, p. 118).

II. 1 – O rompimento das relações Cuba-EUA e a especulação mundial com *commodities*

O rompimento das relações entre Cuba e EUA teve enorme impacto no contexto do mercado mundial de açúcar a tal ponto que gerou expectativas de elevação das vendas externas brasileiras tanto para o Mercado Livre Mundial como para o mercado estadunidense. Esta foi a razão para que o Brasil, ou mais precisamente, o IAA, que era responsável pelo planejamento das atividades de nossa agroindústria canavieira, criasse uma Divisão de Exportação naquele ano, embora já tivesse um escritório de representação em Londres. Nossas exportações para o MLM até então estavam subordinadas às quotas conseguidas junto ao Conselho Internacional do Açúcar e o acordo de 1958 destinou ao Brasil um montante de 550 mil t. m., bem abaixo da quota cubana (2,415 milhões) e abaixo da reservada à China\ Formosa e à República Dominicana (ambas de 655 mil t).

A quota reservada ao Brasil em 1962 no mercado preferencial estadunidense, em decorrência do rompimento acima mencionado, foi de 180,19 mil t. c. situando-se abaixo da quota destinada ao México e ao Peru (189,8 mil cada), menor do que a da República Dominicana (319,8 mil t. c.) e bem menor que a da Filipinas (1,05 milhão). Ela não foi suficiente para dar destino aos nossos excedentes de produção, o que ficou claro logo a seguir porque as safras de 1964/65 e 1965/66 foram extremamente positivas, sendo que a produção da primeira foi 15% superior à da safra anterior e a produção da segunda somente seria ultrapassada pela produção da safra de 1970/71. Assim, a relação entre o estoque e o consumo nacional de açúcar, que foi de 45,1% no quinquênio 1960-64, passou a 77,4% em 1965. Adicione-se à isso o fato de que o Brasil não colocava grandes quantidades de açúcar nos principais mercados europeus, como se deduz do que já foi tratado e do que virá a seguir. [30]

---

[30] Mas o Brasil havia aumentado expressivamente as vendas para o EUA a partir de 1959 em virtude do processo revolucionário em Cuba. Como escreveu um estudioso na época, "Nossas exportações para o MP norte-americano têm aumentado continuamente, tendo hoje (1967) o Brasil uma quota de 360 mil TM e uma exportação de aproximadamente 550 mil TM" (citado por SZMRECSÁNYI, 1979, p. 254).

A especulação com *commodities* foi um movimento de alcance mundial que fez os preços reais das principais mercadorias de exportação do agronegócio brasileiro na época passarem por um período de alta em quase toda a década de 1970. Entre 1970 e 1975, segundo dados compilados por MELO, 1983, p 19, o índice do preço do açúcar foi o que apresentou a maior alta entre sete produtos.[31] Além disso, nossas vendas externas desse produto crescerem da média de 1,16 milhões de t. m. no triênio 1969-70-71 para a de 2,63 milhões no triênio 1972-73-74. Melhor ainda: o preço médio obtido no MLM, nos respectivos triênios, passou de US$ 70,59/t para 312,16 (alta também ocorreu com o preço das exportações para o EUA). Dados apresentados por MONT'ALEGRE, 1976, mostram que todos os preços do açúcar nos mercados internacionais, expressos em médias anuais e em centavos de dólar por libra-peso, apresentaram comportamento altista entre 1961 e 1974: o da Organização Internacional do Açúcar (OIA, preço diário, o referencial do MLM) saltou dos 2,75 para 29,66 no período; o *London Daily Price* de 2,72 para 30,11; o de Nova Iorque de 3,59 para 29,91; o do *C.S.A.* passou de 5,64 para 14,23. Entre janeiro e setembro de 1975 os três primeiros situaram-se, respectivamente, em 22,72; 23,33 e 22,80. Mas, como observou o autor, "Os preços do açúcar no mercado livre mundial atingiram seu ponto mais elevado em novembro de 1974" (p. 128).[32]

As estimativas quanto ao abastecimento do mercado mundial de açúcar a partir do início da década de 1970 podem ser exemplificadas recorrendo-se à manifestação do chefe da Divisão de Açúcar da FAO em 1972, considerado como um dos maiores especialistas do tema:

> De onde virão os adicionais 21-22 milhões de toneladas necessárias para atender a maior demanda da década de 70 e, em particular, os 11-12 milhões de toneladas necessárias aos países de baixo rendimento? Esta indagação parece constituir, para nós da FAO, o problema central da economia açucareira mundial no momento (VITON, 1972, p. 87).

---

[31] Os sete produtos são: algodão, amendoim, café, soja, cacau, óleo de mamona e açúcar. É curioso constatar que a tabela preparada pelo autor denomina tais bens de "produtos agrícolas", como se o açúcar e o óleo de mamona não fossem mercadorias provenientes de processos industriais. MONT'ALEGRE, 1976/7 (p. 53) apresenta um gráfico no qual se constata que o preço do açúcar partiu de um nível superior em 1969 e ampliou a distância até 1974 em relação aos preços da borracha, do cacau, do cobre e da prata.

[32] Gráfico apresentado por MITCHELL, 2005, mostra que o preço real do açúcar no mundo entre 1950 e 2003, apresentou uma inequívoca tendência decrescente, passando do nível próximo a 30 centavos de dólar (estadunidense) para o nível abaixo de 10 centavos em 2003, e durante esse tempo apresentou três momentos de pico: o primeiro deles no início da década de 1960, quando chegou a, aproximadamente, 37 centavos; o segundo e mais alto ocorreu em meados da década de 1970, quando atingiu quase 70 centavos; o terceiro em 1979-80, quando repetiu o nível do início da década de 1960.

É verdade que dois fatos contribuíram para esse questionamento: um deles foi o "brusco declínio então aparentemente irreversível" na produção cubana depois da safra recorde de 1969/70; o outro foi a "sensível redução das colheitas de beterraba dos países da Europa Oriental durante a safra de 1971/72", conforme observou SZMRECSÁNYI, 1979, p. 302. Tais fatos fizeram com que a U.R.S.S. e a China realizassem grandes compras no MLM na época, inclusive de açúcar brasileiro.[33]

A análise sobre o que ocorreu no mercado mundial de açúcar entre 1960 e 1975 demanda uma apresentação de dados do período, o que é feito na Tabela II.1.

TABELA II.1 – EVOLUÇÃO DA PRODUÇÃO E CONSUMO DE AÇÚCAR CENTRI-FUGADO POR GRUPOS DE PAÍSES ENTRE 1960 E 1980 (quantidades totais em mil t. m. e consumo per capita em kg/ano)

GRUPOS DE PAÍSES	Variáveis	1960	1965	1970	1975	1980	Cresci-mento 1960-75
1.PAÍSES DESENVOL-VIDOS	Produção	25.005	30.269	32.893	35.864	38.775	43,43%
	Consumo	32.290	39.143	42.970	41.886	46.831	29,72%
	Cons. *per capita*	32,6	38,2	40,1	39,9	40,1	22,39%
	Importações líquidas	11.296	13.524	13.366	15.183	12.890	34,41%
	Exportações líquidas	1.782	3.240	4.968	2.986	6.379	67,56%
2. PAÍSES EM DESENVOL-VIMENTO	Produção	27.621	34.296	40.011	45.681	45.740	65,39%
	Consumo	16.152	20.480	29.123	35.447	41.333	119,46%
	Cons. *per capita*	8,1	9,1	11,5	12,2	12,7	50,62%
	Importações líquidas	3.716	4.493	5.030	9.215	10.211	147,98%
	Exportações líquidas	13.401	15.221	15.054	15.448	16.761	15,27%
TOTAIS	**Produção**	**52.299**	**63.790**	**71.142**	**78.846**	**84.514**	**50,76%**
	Consumo	**49.218**	**57.962**	**70.480**	**74.438**	**88.164**	**51,24%**

Fontes: MONT'ALEGRE, julho de 1971; SZMRECSÁNYI, 1989; FAO, 1985.

---

[33] A edição de 8 de fevereiro de 1973 do jornal *Folha de S. Paulo* trouxe como uma de suas manchetes de página de rosto a notícia de que "URSS compra 100 mil t de açúcar" do Brasil. MENEZES, 1985, p. 109, lembra que o "desen-volvimento da indústria chilena de açúcar de beterraba a partir de 1960" e o "programa nacional chinês de aumento da produção de açúcar a partir de 1976" prejudicaram a exportação de açúcar demerara do Brasil para esses países.

Conforme mostram os dados da mencionada tabela, aquelas estimativas parecem ter superestimado o possível crescimento do consumo mundial de açúcar a partir do que estava ocorrendo na África e no conjunto dos chamados "países em desenvolvimento". Tais dados mostram que a variável que apresentou o maior crescimento entre 1960 e 1975 foram as importações líquidas de tais países, seguida do consumo em tais países e, bem distantemente, cresceram as exportações líquidas dos países desenvolvidos e, enquanto o consumo de açúcar neles cresceu 29,72% entre 1960 e 1975, portanto, abaixo do crescimento da produção (43,43%), nos países em desenvolvimento os crescimentos foram de, respectivamente, 119,46% e de 65,39%. Não cabe negar que, provavelmente, tais expansões de consumo teriam sido maiores caso o preço do açúcar não tivesse apresentado o comportamento altista antes referido. Além do que é destacado a seguir, é lícito concluir que esse comportamento estimulou o início ou a elevação de produções açucareiras em países em desenvolvimento. Finalmente, ocorreu que a produção mundial se situou acima do consumo em 1975.

Embora os dados de 1980 da Tabela II.1 mostrem déficits da produção em relação ao consumo tanto no contexto mundial como no âmbito dos países desenvolvidos, os dados apresentados por MENEZES, 1985, p. 104 (retirados da revista *Agroanalysis*), mostram que, na média das safras de 1979/80-80/81 a produção mundial foi de 86.520 mil toneladas, o consumo de 89.095 e a relação estoque/consumo foi de 28,57%, o que significa que o estoque era suficiente para atender os déficits entre produção e consumo que se constata naqueles dados.

TABELA II.2 – PAÍSES E GRUPOS DE PAÍSES DE GRANDES MERCADOS DE AÇÚCAR EM 1969-71 E EM 1979-81 e TAXAS DE CRESCIMENTOS (Consumos totais em milhões de toneladas)

PAÍSES	1969-71	1979-81	Taxas anuais	GRUPOS	1969-71	1979-81	Taxas anuais
	Consumo	Cons.			Consumo	Consumo	
1-EUA	10,11	9,33	-0,8	OCDE	35,80	37,89	0,6
2-Índia	3,89	6,82	5,8	União Europeia-15	7,37	11,15	4,2
3-BRASIL	3,60	5,90	5,1	EUROPA DO LESTE	3,90	4,81	2,1
4-China	2,20	3,83	5,7	ÁFRICA	2,44	7,18	11,4
5-Japão	2,82	3,11	1,0	ÀFRICA SUSAARIANA	0,87	3,18	13,9
6-México	1,91	3,12	5,0	NORTE DA ÁFRICA	0,79	2,77	13,4
7-Polônia	1,32	1,57	1,8	ÁSIA	11,75	21,56	6,3
8-Canadá	1,04	1,06	0,1	América Latina	9,87	15,35	4,5
9-Argentina	0,87	1,05	1,9	Países Desenvolvidos	34,05	35,08	0,3
10-Indonésia	0,83	1,84	8,3	Países em Desenvolvimento	35,26	60,55	5,6
11-África do Sul	0,79	1,23	4,5	MUNDO	69,31	95,63	3,3

Fonte: MICTHELL, 2004, p. 49.

Os dados da Tabela II.2 contribuem para a devida compreensão dos fatos ocorridos no período em análise porque permitem constatar mais especificamente onde o consumo de açúcar cresceu ao longo da década de 1970. As maiores taxas foram na África, na Ásia e nos países em desenvolvimento. Quanto aos casos dos países que dela constam, destacam-se os crescimentos na Indonésia, na Índia, na China, no Brasil e no México. Infelizmente a fonte não coletou ou não destacou dados de outros países em desenvolvimento.

Convém fundamentar a argumentação com mais dados. O consumo mundial *per capita*, que havia caído 1,76% entre 1961 e 1968, foi elevado em 1% na década de 1970; o consumo mundial total, nos mesmos períodos, cresceu 25,5% no primeiro deles e 25,1% no segundo; a produção de açúcar cresceu, respectivamente, 21,8% e 18,8%. Finalmente, o preço diário do açúcar no mercado mundial, expresso em médias anuais e apurado pela Organização Internacional do Açúcar, situou-se, na média do triênio 1963/64/65, em 5,40 centavos de dólar por libra-peso e caiu para 1,88 na média de 1966/67/68, ou seja, atingiu apena 34,8% daquele; contudo, foi multiplicado por mais de nove vezes entre 1969 e 1974 (conforme os dados compilados por MONT'ALEGRE, 1976, p. 48).[34] O que esses dados indicam é que aquele baixo nível de preço no segundo triênio desestimulou novos investimentos na produção açucareira mundial no final da década de 1960 e, por conta do efeito da defasagem entre o crescimento do consumo e o crescimento da produção que, como se sabe, reage mais lentamente, provocou a menor expansão desta última na década de 1970, mesmo em face do grande crescimento dos preços até novembro de 1974. Aliou-se a isso a baixa significativa nos estoques mundiais, o que parece ter influenciado as análises pessimistas e sancionado o movimento especulativo. Finalmente, convém acrescentar que a população mundial, que na década de 1960 havia crescido 2,03% ao ano, cresceu 1,85% na década de 1970.

O trabalho da FAO, 1985, p. 16, embora reconheça que a baixa dos preços no final da década de 1960 não estimulou a produção, nega que tenha havido falta de investimentos na capacidade produtiva mencionando que ocorreu um crescimento da produção em 3,5 milhões de toneladas em 1976 em resposta ao aumento de preços em 1974 e atribui às importações da U.R.S.S. (decorrentes de seus déficits de produção) e aos baixos preços o fato de que os produtores mantiveram seus estoques baixos. De fato, os

---

[34] Os demais dados referentes ao período de 1961 a 1968 foram extraídos ou calculados com base nos que aparecem em MONT'ALEGRE, 1971.

estoques mundiais finais, que na média do triênio 1967-68-69 foram de 23.883 mil toneladas (conforme os dados de MONT'ALEGRE, 1971, p. 83), caíram para 16.663 mil na média das safras 1972/3-73/4-74/5 (conforme os dados de MENEZES, 1985, p. 104) e subiram para 25.420 mil t na média de 1975/6-76/77-77/8.

A análise aqui desenvolvida permite, enfim, duas observações conclusivas sobre o ocorrido: aparentemente, o que mais contribuiu para a elevação dos preços mundiais do açúcar entre o final da década de 1960 e final de 1974 foi o movimento especulativo e o que deu respaldo a esse movimento foi a queda dos estoques mundiais no início da década de 1970.

Cabe voltar ao caso do Brasil. No final de 1965 uma importante lei (a de número 4870 de 1º de dezembro) indicou como limite contingencial da produção brasileira de açúcar o montante de 100 milhões de sacas de 60 kg (ou 6 milhões de toneladas). Isso foi confirmado pela Lei n. 5654 de 14 de maio de 1971, o que se constitui em clara indicação de que o governo brasileiro, estimulado pelas vendas e pelos preços crescentes, tanto nas vendas para o MLM como para as destinadas ao EUA, esperava que o país viesse a se tornar o maior exportador de açúcar ainda durante a década de 1970.[35] A lei 4870 também determinou, no seu artigo 7º. que "À região Norte/Nordeste, em vista do seu atual estágio de desenvolvimento econômico, será atribuído, prioritariamente, o contingente de açúcar destinado aos mercados preferenciais" (IAA, 1981, p. 73).

Em 1968 o Brasil aparecia com a quinta maior quota (de 500 mil t. m.) no acordo sobre as exportações para o MLM daquele ano, atrás de Cuba (2,15 milhões de t. m.); Austrália (1.100); Formosa (630) e África do Sul (625). Tal acordo autorizou a reexportação, pela U.R.S.S., de 1.15 milhões de t. m. de açúcar cubano (conforme SZMRECSÁNYI, 1979, p. 275). Cabe lembrar algo óbvio: as quotizações feitas nos acordos referiam-se apenas às exportações dos países deles participantes.

---

[35] Como observou um estudioso, por meio da lei 4870 a exportação "veio a se tornar parte integrante do sistema de defesa" da agroindústria canavieira do país (ver citação em SZMRECSÁNYI, 1979, p. 277). Quanto ao mercado interno de açúcar cabe o registro de que o território nacional foi dividido, pela Resolução n. 1974 de 12 de agosto de 1966 do IAA, em duas grandes regiões: Norte/Nordeste e Centro/Sul e nela foi especificado que as transferências do produto de uma para outra região passariam a depender de prévia autorização do órgão. A justificativa para tal medida foi a de "evitar o abuso do poder econômico, e bem assim o eventual aumento arbitrário dos lucros" (SZMRECSÁNYI, 1979, p. 114). Como se percebe, tratou-se de um eufemismo para a criação de reserva do mercado da primeira região para os produtores locais, face à concorrência do açúcar produzido na segunda (ou seja, em São Paulo). Em 1991, com a Lei 8.393, foram liberadas as transferências de açúcar entre as regiões do país.

Em meados da década de 1970 o Brasil atingiu a produção de 6 milhões de toneladas, mas ainda se passariam duas décadas para que o país se tornasse o maior exportador mundial de açúcar.[36] A explicação disso exige que logo voltemos a considerar o que ocorria na Europa Ocidental, na América do Norte (particularmente no EUA) e na Ásia (especialmente na China e no Japão).

Após a safra de 1971/72, o país era "um dos únicos países capazes de aumentar sua produção em mais dois milhões de TM independentemente de novos investimentos industriais, através do simples aproveitamento do excesso da capacidade de moagem criado a partir de 1965" (SZMREC-SÁNYI 1979, p. 302)[37]. Essa capacidade ociosa decorreu da política estatal implementada com base no Programa de Racionalização da Agroindústria Açucareira, de 1971, e do Programa de Apoio à Agroindústria Açucareira, de 1973, que concederam, até 1977, generosos financiamentos subsidiados que promoveram e/ou sancionaram um processo de concentração fundiária e industrial cujos maiores beneficiários foram os proprietários e produtores do Estado de São Paulo. Tais programas lançaram mão dos recursos advindos do Fundo Especial de Exportação (criado em 1965 com base em uma taxa *ad valorem* sobre os preços de exportação), cujo montante foi formado pelos altos preços do açúcar exportado no período e tais programas foram da direção de fazer com que o Brasil atingisse a mencionada produção anual de 6 milhões de toneladas de açúcar. Para dois estudiosos, o governo estava na verdade, através do IAA, respondendo à pressão dos produtores, pois eles solicitaram "a autorização e os meios financeiros necessários para expandirem em mais de 50% a capacidade produtiva então instalada" com o objetivo de fazer o Brasil voltar "à liderança mundial da produção e das exportações de açúcar" (SZMRECSÁNYI e MOREIRA, 1991, p. 65).[38]

---

[36] Até o início da década de 1990 o Brasil ainda era o quarto maior exportador de açúcar, atrás de Cuba, Austrália e Tailândia. Em meados da década o país assumiria a liderança, seguido de perto pela CEE, que em 1993 passou a ser a União Europeia. Dados sobre isso serão apresentados no próximo capítulo.

[37] O autor informa logo a seguir que a *I. S. O.* suspendeu as quotas de exportação a partir de janeiro de 1972 e pretendia realizar um novo acordo durante o primeiro semestre de 1973, no qual, no âmbito do MLM, seria atribuída ao Brasil uma quota de 1,625 milhões de toneladas. Mas ele não foi firmado "devido ao impasse criado em torno dos preços mínimos" (SZMRECSÁNYI, 1979, p. 303). Para outro autor, foi Cuba quem defendeu a definição de preços mínimos superiores aos que estavam ocorrendo no MLM (conforme LECUONA, 2006).

[38] A mencionada política e seus impactos estão detalhadamente tratados em SZMRECSÁNYI, 1979 e em RAMOS, 1999. Como será visto a seguir, tais programas foram sucedidos pelo Programa Nacional do Álcool, de 1975, que também concedeu financiamentos subsidiados aos interessados, agora com recursos não gerados pelo próprio setor.

Cabe analisar porque isso não ocorreu.[39]

Como foi visto no capítulo anterior, havia três (principais) mercados preferenciais; um liderado pelo EUA, outro pelo Reino Unido e o terceiro pela U.R.S.S.[40].

Foi mencionada a criação em 1957, da CEE e, em 1962, da Política Agrícola Comum. Como o açúcar ficou de fora da regulamentação dessa política, em 1967 ocorreu, no âmbito da CEE, a criação de outro órgão: a OCM/Organização Comum do Mercado, para tratar do mercado local daquele produto. Segundo um estudioso:

> A OCM do Açúcar se baseia num preço de intervenção, bastante superior aos preços internacionais. Para gozar deste preço privilegiado são fixadas quotas de produção, alocadas a cada país-membro, indústria e fornecedor de matéria-prima. Paralelamente, taxas sobre o açúcar produzido e tarifas de importação contribuem com parte dos fundos totais requeridos para financiar esses subsídios, sendo a diferença coberta por fundos do orçamento comunitário (MOURA FILHO, 2006).

As tarifas criadas pela OCM impediram a colocação de outros açúcares, incluindo o do Brasil, nos grandes mercados consumidores de parte dos países do oeste europeu.[41]

---

[39] Como mostrarão os dados da Tabela II.3, na média do quinquênio 1970-74, o Brasil foi o segundo maior produtor mundial de açúcar centrifugado, atrás da U.R.S.S., e o segundo maior produtor de cana-de-açúcar, atrás da Índia. Contudo, se àqueles dados forem acrescentados os dados da produção de açúcar não-centrifugado que constam da Tabela II.5, ficará evidenciado que a Índia era o maior produtor mundial de açúcar.

[40] Poucas informações existem sobre o mercado preferencial liderado pela U.R.S.S., o qual foi extinto juntamente com sua dissolução em 1991. Em SAMPAIO, 2014, vol. 1, p. 217, encontra-se a informação de que "Por meio do Protocolo de Países Socialistas Cuba-URSS, durante as décadas de 1970 e 1980 a ilha caribenha enviava para o exterior anualmente cerca de 4,5 milhões de toneladas de açúcar para as dependências de Moscou, ao que se somavam outras exportações enviadas à China e aos demais países com os quais o governo cubano mantinha relações econômicas". Convém mencionar que em 1964 a U.R.S.S. chegou a reexportar 23% do açúcar importado e em 1965, 56,5% (dados de MONT'ALEGRE, 1976/7, p. 253).

[41] A análise de MOURA FILHO, 2006, sobre os objetivos da criação da OCM o levou a concluir que eles foram "efetivamente alcançados, embora gerando simultaneamente alguns efeitos negativos: excedentes de produção; altos preços para o consumidor europeu; custos desproporcionais para o orçamento comunitário; prejuízo para produtores de países extracomunitários". A bem da verdade, essa última conclusão não é adequada porque o impedimento acima referido não causa "prejuízo" aos produtores não beneficiados com dado acordo porque não intervém nas condições de produção destes e sim apenas nas condições de vendas. Em outras palavras, pode-se produzir e não vender, mas isso não implica em prejuízo que, em linguagem contábil, é uma apuração (geralmente anual) interna às empresas que só ocorre quando o preço de venda é inferior ao custo de produção. Para evitar isso, a alternativa seria vender 'para outros compradores/mercados.

Em 1974 expirou o prazo do mercado preferencial da Comunidade Britânica (o *C.S.A.*). Mas isso foi precedido pela entrada do Reino Unido na CEE em 1973. O desdobramento desses dois fatos foi que se criou uma outra junção de países cuja sigla é ACP porque juntou países da África, do Caribe e do Pacífico. Portanto, à sigla CEE-OCM foi adicionada a ACP. [42]

A incorporação da sigla ACP decorreu da Convenção de Lomé (Togo, África), assinada em fevereiro de 1975, a qual contemplou os países produtores de açúcar cujas exportações dependiam, em todo ou em parte, de colocação no mercado do Reino Unido. Ela deu origem a uma quota aproximada de 1,3 milhão de toneladas de açúcar produzido em tais países e destinados à CEE. Como destacou o representante brasileiro junto à Organização Internacional do Açúcar "Com isso ficou assegurada continuidade dos suprimentos que anteriormente eram feitos ao Reino Unido sob o Convênio Açucareiro da Comunidade Britânica, resguardada sob a garantia de preços correlatos com o de intervenção praticado na CEE" (MONT'ALEGRE, jun. 1976, p. 72). Tratou-se, portanto, de uma garantia de mercado para os países participantes da convenção[43], os quais:

> [...] ficavam isentos de tarifação alfandegária (duty-free) para o açúcar entregue dentro de suas cotas, cabendo uma elevada carga tarifária (full-duty) aos demais produtores de açúcar. Assim como a CSA, que fora cancelada no ano anterior, esse acordo também incluía a garantia de um preço mínimo a ser pago pelo açúcar comercializado, e este era cotado bem acima do praticado no Mercado Livre Mundial. (SAMPAIO, 2014, p. 216).

Quanto ao mercado preferencial estadunidense ocorreu que em 31 de dezembro de 1974 foi extinto o *Sugar Act*. Mas essa extinção não significou o fim daquele mercado, já que não foi mudado o que caracterizava aquela legislação. Ou seja, foi mantido o sistema de quotas, o que igualmente dei-

---

[42] Referindo-se às políticas açucareiras da CEE/PAC/OCM, o representante/analista brasileiro em Londres escreveu que "No ceio da Comunidade Econômica Europeia o beterrabeiro é um eleitor poderoso. As entidades profissionais, estruturadas sob a Confédération Internacional des Betterraviers Européens (CIBE), desfrutando de influência e voz nos conselhos" (MONT'ALEGRE, novembro/1974, p. 35).

[43] Para MONT'ALEGRE (novembro/1974,) o convênio CEE-OCM-ACP envolveu "46 países em vias de desenvolvimento ligados a certos Estados membros"; para SAMPAIO (2014) os participantes iniciais foram apenas 19, sendo 11 da África, 7 do Caribe e um do Pacífico (Fiji) e, segundo ele, o convênio foi expandido, passando a ter 77 participantes em 2000. Observou ainda que a Austrália foi prejudicada porque tinha vendas asseguradas em Londres e que a quota inicial da Índia em tal convênio foi de 10 mil toneladas. Outro mercado que envolvia países africanos era o "Acordo Açucareiro Afro-Malgaxe", que "reúne Madagascar e um grupo de países da África Central e Oriental, sob regime de Cota a Preço Garantido" (conforme MONT'ALEGRE, 1971, p. 78).

xou a colocação do açúcar brasileiro no grande mercado local em posição marginal. Mas o tratamento disso fica para o capítulo seguinte, assim como a retomada do caso da CEE.[44]

II.2 – O advento e a concorrência dos substitutos

O comportamento altista dos preços do açúcar no contexto mundial teve um outro desdobramento: provocou a intensificação de um processo denominado pelos economistas como efeito-substituição. Isto resultou no aumento do consumo tanto de adoçantes naturais como sintéticos. Na verdade, tal efeito fez-se presente porque a busca de substitutos do açúcar de cana e de beterraba não era algo recente: tratava-se de um processo que vinha ocorrendo há muito tempo, como mostraram SZMRECSÁNYI e ALVAREZ, 1999.[45]

Assim, no mercado estadunidense, o consumo de HFCS (*High Fructose Corn Syrup*) e de outros adoçantes de milho cresceu 66,5% entre 1961-63 e 1972-74; o consumo de adoçantes não-calóricos cresceu 101%; enquanto que o consumo de açúcar refinado de cana e de beterraba cresceu apenas 3,78% no período. No mercado mundial, o consumo de açúcar cresceu 44,93% no mesmo período (conforme dados apresentados por MONT'ALEGRE, 1976, págs. 53 e 55).[46]

Segundo SAMPAIO, 2014, p. 333, o HFCS "foi obtido pela primeira vez em 1957, na Estação Experimental Agrícola Oklahoma, tendo sido patenteado em 1960", mas "seu uso em maior escala, no entanto, só se deu por ação da Agência da Ciência e Tecnologia Industrial do Ministério do Comércio Exterior e Indústria do Japão, entre os anos de 1965 e 1970".[47]

---

[44] Contudo, cabe aqui mencionar que uma notícia veiculada pelo jornal *Folha de S. Paulo*, edição de 5 de junho de 1971 (página de rosto) deu conta de que "Uma nota de protesto assinada por 22 países da América Latina deverá ser entregue aos Estados Unidos. A causa: a possibilidade do EUA reduzirem suas cotas de importação de açúcar, prejudicando várias nações latino-americanas, informou-se em Washington. O Brasil foi um dos primeiros a apresentar sua nota de 'estranheza e perplexidade', junto ao Departamento de Estado, através de seu embaixador nos EUA, Araújo Castro. Ontem, o México decidiu apresentar sua 'nota de inconformidade', enquanto o governo chileno manifestava sua solidariedade ao Peru, um dos países que sofrerá a redução na sua cota de exportação de açúcar. Também o CIAP — Comitê Interamericano da Aliança Para o Progresso — está preocupado com a nova política açucareira prevista pelos Estados Unidos".

[45] Embora o texto destaque no título os casos da sacarina (um dos mais antigos adoçantes) e do aspartame (que merecerá observação adiante), são mencionados outros substitutos, como o ciclamato (cujo consumo é proibido em alguns países) e a sucralose (um adoçante artificial bem mais forte do que o açúcar, mas extraído também da cana). Cabe lembrar também da Stevia, um adoçante natural extraído da planta homônima e também com maior capacidade de adoçar. Recente matéria jornalística observou que os adoçantes "surgiram de experimentos científicos que deram errado" (ver CASTRO, 2023).

[46] Outros dados, apresentados por SZMRECSÁNYI, 1989, p. 169, mostram que, excluído o açúcar, o consumo de adoçantes calóricos no EUA foi expandido em 44,2% entre 1972 e 1977 e em 117,3% entre 1972 e 1982.

[47] MONT'ALEGRE, 1971(b), p. 41, observou que a indústria açucareira da Austrália estava preocupada, na época, "com o uso crescente, pelos fabricantes de alimentos, de adoçantes artificiais em substituição do açúcar", o que originou uma proposta, em 1966, ao Conselho de Tarifas (local) "uma alteração nas alíquotas, a fim de que o custo dos adoçantes artificiais, quando usados na fabricação de alimentos em substituição ao açúcar, igualasse aos custos do açúcar".

No final de 1974, motivados por serem produtores e ofertantes de um bem cuja produção deveria situar-se, conforme as estimativas antes mencionadas, abaixo da demanda por um longo período (o que parecia algo de que não cabia duvidar) e provavelmente estimulados pelo primeiro choque dos preços do petróleo, causado pela ação de cartel da Opep/Organização dos Países Exportadores de Petróleo no final de 1973, o Brasil e os países latino-americanos e caribenhos criaram o Geplacea/Grupo dos Países Latino-americanos e do Caribe Exportadores de Açúcar. Tal grupo foi formado inicialmente por 22 países, responsáveis por mais de 50% das exportações mundiais, envolveu aproximadamente 30% da produção mundial, mais da metade do açúcar de cana produzido e mais de 60% da cana produzida no mundo.[48]

Entre os objetivos iniciais do Geplacea estava a coordenação das políticas de vendas para alcançar "preços equitativos", um provável eufemismo que disfarçava a esperança de que o açúcar pudesse passar a ter um outro nível de preços no longo prazo, o que parecia ocorrer com o preço do petróleo depois da ação da Opep. Como dados que serão mostrados nos próximos capítulos, isso não foi o que ocorreu, inclusive com o preço do petróleo. Contudo, deve ser lembrado que alguns dos países signatários do Geplacea temiam represálias por parte de seus aliados (fossem ou não antigas metrópoles), que eram os mercados onde colocavam parte significativa de suas produções. Essas alianças envolviam os principais mercados do mundo: o liderado pela U.R.S.S. (Comecon), no qual ingressara Cuba em 1964 e do qual este país tornara-se membro efetivo em 1972; o que privilegiava os países caribenhos de língua inglesa junto à Comunidade Europeia e, finalmente, o da aliança ou de boas relações, explícitas ou não, de países locais com o mercado estadunidense.[49]

---

[48] Os 22 países foram: Argentina, Barbados, Bolívia, Brasil, Colômbia, Costa Rica, Cuba, Equador, El Salvador, Guatemala, Guiana, Haiti, Honduras, Jamaica, México, Nicarágua, Panamá, Peru, República Dominicana, Trinidad e Tobago, Uruguai e Venezuela. A eles se juntou posteriormente o Paraguai. A área de cana dos 22 países somava 5,125 milhões de hectares e seus representantes se reuniram na ilha de Cozumel, no Caribe mexicano.

[49] Devido ao exposto, a ação do Geplacea limitou-se à consulta e coordenação das ações setoriais, à investigação técnico-científica, ao treinamento de pessoal e à publicações especializadas. Parece que o pessoal do órgão não teve em conta que a alta dos preços do açúcar entre 1967/8 e 1974 contribuiu para o aumento e consolidação do consumo de substitutos do açúcar. O Geplacea foi extinto no final da década de 1990.

TABELA II.3 – PAÍSES MAIORES PRODUTORES DE AÇÚCAR <u>CENTRIFUGADO</u> DE CANA E DE BETERRABA AÇUCAREIRA E RESPECTIVAS PRODUÇÕES DE TAIS MATÉRIAS-PRIMAS – MÉDIAS DE 1961-65 E DE 1970-74 (produções em mil TM, ordenação pela situação das produções de açúcar em 1961-65)

PAÍSES E CON-TINENTES	PRODUÇÕES DE AÇÚCAR			PRODUÇÃO DE CANA			PROD. DE BETERRABA		
	1961-65	1970-74	Cresc.	1961-65	1970-74	Cresc.	1961-65	1970-74	Cresc.
1.U.R.S.S.	7.569	8.722	15,23%	-x-	-x-	-x-	59.170	78.149	32,08%
2.EUA	5.566	5.584	0,32%	29.154	25.342	-13,08%	18.796	23.333	24,14%
3.Cuba	5.254	6.087	15,85%	42.385	59.106	39,45%	-x-	-x-	-x-
4.BRASIL	3.786	6.573	73,61%	65.577	88.774	35,37%	-x-	-x-	-x-
5.Índia	2.976	4.215	41,63%	106.563	127.532	18,68%	-x-	-x-	-x-
6.China	2.430	4.020	65,43%	24.705	33.556	35,83%	3.300(C)	5.800(C)	75,76%
7.França	2.034	3.021	48,53%	-x-	-x-	-x-	14.391	20.115	39,77%
8.Austrália	1.801	2.704	50,86%	12.936	19.168	48,18%	-x-	-x-	-x-
9.México	1.738	2.622	50,86%	25.078	35.913	43,21%	-x-	-x-	-x-
10.Alemnha Oc.	1.737	2.298	32,30%	-x-	-x-	-x-	11.187	14.938	33,53%
11.Filipinas	1.515	2.108	39,14%	13.159	19.608	49,01%	-x-	-x-	-x-
12.Polônia	1.532	1.690	10,31%	-x-	-x-	-x-	11.436	13.249	15,85%
13.Áfr. do Sul	1.080	1.804	67,04%	9.454	16.521	74,75%	-x-	-x-	-x-
14.Itália	1.053	1.166	10,73%	-x-	-x-	-x-	7.829	9.332	19,20%
15.Argentina	971	1.281	31,93%	11.431	13.460	17,75%	-x-	-x-	-x-
16.R.Dominicana	798	1.151	44,24%	7.326	9.572	30,66%	-x-	-x-	-x-
17.Indonésia	664	875	31,78%	10.457	11.213	7,23%	-x-	-x-	-x-
18.Colômbia	409	790	93,15%	13.846	17.482	26,26%	-x-	-x-	-x-
19.Tailândia	183	685	274,3%	4.466	8.333	86,6%	-x-	-x-	-x-

O BRASIL NO MERCADO MUNDIAL DE AÇÚCAR ENTRE 1960 E 2020

PAÍSES E CONTINENTES	PRODUÇÕES DE AÇÚCAR			PRODUÇÃO DE CANA			PROD. DE BETERRABA		
	1961-65	1970-74	Cresc.	1961-65	1970-74	Cresc.	1961-65	1970-74	Cresc.
20.Paquistão	152	537	253,3%	15.848	22.751	43,56%	-x-	-x-	-x-
21.Turquia	n. d.	n. d.	-x-	-x-	-x-	-x-	3.403	5.496	61,50%
22.Irã	n. d.	n. d.	-x-	-x-	-x-	-x-	1.094	4.057	270,8%
23.Bangladesh	n. d.	n. d.	-x-	5.022	6.576	30,94%	-x-	-x-	-x-
24.Alemanha Or.	n. d.	n. d.	-x-	-x-	-x-	-x-	5.522	6.379	15,52%
25.Romênia	n. d.	n. d.	-x-	-x-	-x-	-x-	2.814	4.302	52,88%
26.Espanha	n. d.	n. d.	-x-	-x-	-x-	-x-	3.553	5.237	47,40%
27.Reino Unido	n. d.	n. d.	-x-	-x-	-x-	-x-	5.980	6.507	8,81%
28.Tchecoslováquia	n. d.	n. d.	-x-	-x-	-x-	-x-	6.772	6.550	-3,28%
DADOS POR CONTINENTES									
1.EUROPA	20.253	24.383	20,39%	415	424	2,17%	149.234	192.225	28,81%
2.AM.N. E CEN.	15.121	17.502	15,75%	126.285	157.607	24,80%	19.916	24.272	21,87%
3.AM. DO SUL	6.988	11.109	58,97%	114.036	149.401	31,01%	829	1.656	99,76%
4.ÁSIA	9.298	14.806	59,24%	186.109	241.685	29,86%	9.650	18.698	93,76%
5.ÁFRICA	3.184	5.316	66,96%	30.663	50.308	64,07%	132	1.722	1.205%
6.OCEANIA	2.067	3.021	46,15%	15.259	21.886	43,43%	-x-	-x-	-x-
MUNDO	56.911	76.137	33,78%	472.767	621.311	31,42%	179.761	238.573	32,72%

Fonte: SZMRECSÁNYI, 1979, págs. 58-61 e 63-64.

Nota: Nos dados do EUA estão inclusos os dados do Havaí, Porto Rico e Ilhas Virgens; os dados da China incluem os de Formosa (Taiwan), mas C significa apenas China; na América do Sul apenas o Chile e o Uruguai produziram beterraba açucareira; na África, apenas Argélia, Marrocos e Tunísia produziram essa matéria-prima.

As duas tabelas apresentadas a seguir trazem dados que ilustram a análise que até aqui foi feita. Os comentários sobre tais dados destacarão apenas o que é considerado mais importante.

Impressiona, nos dados da Tabela II.3 os diferenciais entre o crescimento da produção de açúcar e produção de cana nos casos do Brasil, da Índia, da Indonésia, da Tailândia e do Paquistão, os quais podem ser tomados com indicadores do crescimento da eficiência na produção de açúcar. Impressiona também o caso do Irã como produtor de beterraba açucareira, assim como o enorme crescimento da produção dessa matéria-prima no continente africano, o que contribuiu para que ele tenha apresentado o maior crescimento da produção açucareira.

TABELA II.4 – IMPORTAÇÕES E EXPORTAÇÕES LÍQUIDAS DE AÇÚCAR CENTRIFUGADO DE ALGUNS PAÍSES EM 1956-60; EXPORTAÇÕES E IMPORTAÇÕES DE AÇÚCAR DE USINA BRUTO E REFINADO EM 1970-74 (dados em mil TM e ordenação pela situação no quinquênio 1956-60 de maiores exportadores e importadores)

PAÍSES	EXPORTAÇÕES			PAÍSES	IMPORTAÇÕES		
	MÉDIA 1956-60	MÉDIA 1970-74	CRESC.%		MÉDIA 1956-60	MÉDIA 1970-74	CRESC. %
1.Cuba	5.384	5.299	-1,6	1.EUA	4.176	4.864	(+16,5)
2.Filipinas	995	1.383	+39,0	2.Reino Unido	2.036	2.142	Ver texto
3.Rep. Dominicana	799	983	+23,0	3.Japão	1.182	2.486	+110,3
4.Austrália	713	1.774	+148,8	4.Canadá	650	925	+42,3
5.BRASIL	534	2.009	+276,2	5.U.R.S.S.	473	2.205	Ver texto
6.Maurício	491	622	+26,7	6.Marrocos	342	259	(-24,3)
7.Peru	470	427	-9,1	7.Alemanha Ocidental	248	n. d.	(?)
8.Índia	233	294	(+26,2)	8.Argélia	222	267	(+20,3)
9.África do Sul	226	773	+242,0	9.Chile	194	201	+3,6
10.Polônia	177	n. d.	(?)	10.Iraque	179	329	(+83,8)
11.México	172	547	+218,0	11.Malásia	179	332	(+85,5)
12.AlemanhaOriet.	141	-x-	(?)	12.China(continental)	152	644	Ver texto
13.Indonésia	95	n. d.	(?)	13.Nova Zelândia	111	144	+29,7
14.Itália	43	-x-	-x-	14.Alemanha Oriet.	-x-	362	-x-
15.Bélgica e Lux.	41	322	(+685,4)	15.França(metrop.)	-x-	382	Ver texto
16.Argentina	30	302	+906,7	16.Bulgária	-x-	263	(?)

PAÍSES	EXPORTAÇÕES MÉDIA 1956-60	MÉDIA 1970-74	CRESC.%	PAÍSES	IMPORTAÇÕES MÉDIA 1956-60	MÉDIA 1970-74	CRESC. %
17.Bulgária	18	-x-	-x-	**17.Itália**	-x-	566	-x-
18.França(metrop)	18	1.298	Ver texto				
19.China(continent.)	-x-	607	Ver texto				
20.U.R.S.S.	-x-	493	Ver texto				
21.Reino Unido	-x-	285	Ver texto				

Em 1970-74, como os dados da fonte não são de comércio externo líquido, a opção foi apresentar os de todos os países nas duas partes, mesmo face à possibilidade de cálculo nos casos da França China, Reino Unido e U.R.S.S..

CONTINENTES							
1.EUROPA	-x-	3.249	-x-	**EUROPA**	3.137	5.983	-12,8
2.AM. DO NORTE	-x-	8.104	+36,8	**AM. DO NORTE**	6.520	5.838	Ver texto
3.AM. CENTRAL	8.177			**AM. CENTRAL**	-x-		
3.AM. DO SUL	1.030	3.354	+199,5	**AMÉRICA DO SUL**	-x-	269	-x-
4.ÁSIA	-x-	2.779	-x-	ÁSIA	906	6.219	+279,7
5.ÁFRICA	-x-	2.261	Ver texto	ÁFRICA	101	1.638	Ver texto
6.OCEANIA	1.594	2.075	+18,0	**OCEANIA**	-x-	194	-x-
MUNDO	**17.288**	**23.314**	+425,3	**MUNDO**	**17.151**	**22.347**	-x-

Fonte: *I. S. C.*, 1963, várias págs.; SZMRECSÁNYI, 1979, págs.96 e 98.

Notas: 1- As exportações da URSS caíram significativamente entre 1972 e 1974; as exportações da Índia apresentaram grande variação no período (foi de 108 mil TM em 1972 e de 536 mil em 1974);

2- O crescimento das exportações líquidas do mundo foi calculado tendo em conta a diferença entre elas nos dois momentos em relação às respectivas exportações totais.

Nos casos da África do Sul, Filipinas e Cuba aparentemente ocorreu perda de eficiência produtiva (a não ser que os dados de 1970-74 estejam refletindo a influência de problemas climáticos). No caso da China, o significativo crescimento da produção de açúcar deveu-se principalmente ao crescimento da produção de beterraba. No caso da França também parece ter havido ganho de eficiência.[50] Se na Tchecoslováquia a produção de beterraba recuou, ela foi muito elevada na Turquia, na Romênia e na Espanha; no EUA foi a produção de cana que recuou.

Convém agora ver o que ocorreu no comércio externo de açúcar de alguns dos países constantes da Tabela II.3. Para isso conta-se com os dados da Tabela II.4, cujos dados demandam as explicações a seguir. Enquanto os números do quinquênio 1956-60 referem-se às exportações e importações líquidas, os de 1970-74 são os das maiores exportações e importações não líquidas de cada continente. Devido a isso, foram colocados parênteses nos números das variações porcentuais quando havia dúvida se eles são comparáveis; nos totais por continentes (e nos totais mundiais) essa dúvida, assim como no caso de alguns países, não procede. Deve também ser observada a explicação sobre os quatro países que está inserida na tabela.[51]

Os dados revelam algumas significativas mudanças nas situações de alguns países em apenas 14 anos (considerando os anos intermediários de cada média, 1958 e 1972). Cabe iniciar os comentários pelo caso do Brasil: embora nossas exportações tenham crescido 276% entre as médias dos quinquênios, o que fez o país situar-se como segundo maior exportador em 1970-74, o fato é que essa posição mudaria depois, o que ficará devidamente explicitado no capítulo seguinte.[52] Contudo, desde já cabe mencionar que o fato principal responsável ficará por conta do que

---

[50] Como se sabe, as eficiências das agroindústrias da cana e da beterraba, assim como das demais, dependem de vários fatores intervenientes, que vão desde as produtividades agrícolas e industriais às competências organizacionais/gerenciais, passando pelas técnicas de aproveitamento de insumos diversos etc.

[51] Em 1970 os maiores exportadores para o Mercado Livre Mundial foram: Cuba (2.103,1 mil t. m.); Austrália (1.092,4); CEE (806,4); África do Sul (585,0); Brasil (516,4); Taiwan (347,5); Polônia (311,5). Ver MONT'ALEGRE, 1973, p. 40.

[52] MENEZES, 1985, p. 93 apresenta dados que mostram que a produção dos principais países produtores de açúcar de cana foi ampliada das 57.152 mil toneladas na média das safras de 1962/63-63/64-64/65 para 76.343 mil na média dos anos 1972-73-74, portanto, um acréscimo de 33,6%, no caso do Brasil o acréscimo foi de 91,3% no mesmo período (de 3.488 para 6.673 mil t). Na safra de 1974/75 a produção de açúcar no mundo foi de 79,12 milhões de toneladas métricas, sendo 29,24 (37%) de beterraba e 49,88 de cana (63%); a participação estadunidense em tais produções foi, respectivamente, de 9,1% e 4,6%, e no total de 6,2% (dados retirados de BARRY, 1990, p. 35).

ocorreu devido à ampliação da CEE que, de importadora líquida de 238 mil t. m. em 1975, passou a ser exportadora líquida de forma crescente até 1982, quando chegou a exportar 5,5 milhões de toneladas (conforme dados da FAO, 1985, p. 21). Os casos da França (metropolitana) e da Bélgica podem ser considerados prenúncios disso: a primeira passou de uma exportação líquida de apenas 18 mil toneladas na média de 1956-60 para 916 mil (1.298-382) em 1970-74; a segunda elevou suas exportações, aparentemente, em nada menos do que 685%. O Reino Unido diminuiu sua importação líquida em 8,8%.

A U.R.S.S. ampliou significativamente sua importação líquida (+262%), mesmo tendo em conta sua exportação de 493 mil toneladas em 1970-74 (quando passou a ser a quarta maior importadora). Isso se deveu principalmente à sua relação com Cuba. A Alemanha Oriental passou, pelo que os dados indicam, de exportadora à importadora. A China continental (exclui Formosa/Taiwan) diminuiu sua importação líquida em 75,7%.[53]

Infelizmente os dados de 1970-74 não permitem distinguir os dados da América Central dos da América do Norte, mas é inquestionável que a situação superavitária dessas duas Américas nesse período (8.104-5.838) decorria, tal como em 1956-60, da produção açucareira na América Central, onde se destacavam as grandes exportações de Cuba, ao que se deve acrescentar a grande elevação das exportações do México. A África passou da importação líquida de 101 mil toneladas em 1956-60 para uma exportação líquida de 623 mil em 1970-74. A grande elevação da exportação da América do Sul deveu-se aos números do Brasil e da Argentina. Na Ásia a elevação em quase 280% da importação líquida deveu-se à países que não eram grandes importadores nos dois quinquênios, cabendo lembrar que os três países de maiores populações nesse continente eram (e continuaram sendo) grandes produtores (China, Índia e Indonésia). A Europa diminuiu sua importação líquida.

---

[53] A entrada de Cuba no Comecon possibilitou a exportação de açúcar cubano, "sob certas condições", para os seguintes países, além dos que faziam parte da U.R.S.S.: Tchecoslováquia, Polônia, Hungria, Iugoslávia, Romênia, Bulgária, China Popular, Coréia do Norte, Alemanha Oriental, Vietnam do Norte, Albânia e Mongólia (MONT'ALEGRE, 1971, p. 78).

TABELA II.5 – EVOLUÇÃO DA PRODUÇÃO DE AÇÚCAR <u>NÃO CENTRIFUGADO</u> EM ALGUNS PAÍSES E NOS CONTINENTES ENTRE 1961-65 E 1970-74 (números em toneladas métricas)

PAÌSES	Média de 1961-65	Média de 1970-74	Evoluções	CONTINENTES	Média de 1961-65	Média de 1970-74	Evolu-ções
1.Índia	6.291	7.206	14,5%	**Europa**	0	0	0
2.Paquistão	1.104	1.479	34,0%				
3.Colômbia	653	712	9,0%	**América do Norte e Central**	517	679	31,4%
4.China	402	770	91,6%	**América do Sul**	1.034	1.085	4,9%
5.México	322	476	47,8%	Ásia	8.843	10.680	20,8%
6.BRASÌL	282	294	4,3%	África	11	19	72,7%
7.Indonésia	265	224	-15,6%	**Oceania**	0	0	0
8.Tailândia	132	250	89,2%	**MUNDO**	**10.405**	**12.344**	**18,6%**
9.Filipinas	48	59	22,5%				

Fonte: SZMRECSÁNYI, 1979, págs. 63 e 64.

Antes de concluir este capítulo convém acrescentar os dados sobre como evoluiu a produção de açúcar não centrifugado no período por ele abrangido. A Tabela II.5 traz os dados que puderam ser coletados sobre isso. O país líder em tal produção continuou sendo a Índia e constata-se que a produção de tal açúcar quase dobrou entre o final da década de 1950 e início da de 1960[54]; no caso da China a grande elevação ocorreu no período agora em destaque, o que também aconteceu na Tailândia. No caso do Brasil, a produção desse açúcar, que havia caído entre meados da década de 1930 e final da de 1950, foi pouco elevada entre 1961-65 e 1970-74. Infelizmente não se dispõe de dados mais recentes sobre o mercado de açúcar não centrifugado no Brasil porque o IAA deixou de coletar dados sobre ele após 1948, já que sua produção, feita por engenhos, passou a ser atribuição do Ministério da Agricultura e a produção de açúcar centrifugado continuou sendo coletada por aquele órgão, que passou a ser vinculado ao Ministério da Indústria e Comércio.

Quanto ao ocorrido nos continentes, cabe mencionar o grande crescimento na África, onde a África do Sul, pelo que se sabe, não produzia açúcar não centrifugado, o que também ocorria na Europa e, aparentemente, na Oceania.

A conclusão deste capítulo é que o que contribuiu sobremaneira para que o açúcar de cana e de beterraba não faltasse no mundo entre 1961 e 1974 foi o efeito-substituição, devido a significativa ampliação do consumo de substitutos. Segundo Mont'Alegre (1976, p. 258), isto não ocorreu nos casos do café e do cacau pois, para estes, desde a década de 1930, "não foram descobertos sucedâneos válidos" e que, portanto, "passaram a ser produzidos intensamente em territórios coloniais, com o apoio de capitais metropolitanos". O autor destacou ainda que a expansão do mercado de açúcar mundo afora decorreu tanto de protecionismo como de transformações tecnológicas. E esse protecionismo não se devia apenas à importância da agroindústria açucareira como geradora de emprego e renda, mas também como atividade auxiliar para a solução dos problemas decorrentes da balança comercial e de pagamentos, o que deve ter ficado claro ao longo da análise contida no capítulo anterior e neste. Como observou ainda o autor, a formação e expansão de mercados internos de bens "primários" (sejam minerais, sejam alimentos *in natura*, sejam matérias-primas para atividades manufatureiras ou industriais) nos países de "economia forte", mesmo

---

[54] O que se sabe é que ocorreu uma grande expansão da produção dos dois açúcares na Índia após a Segunda Grande Guerra.

que em "condições sabidamente antieconômicas", prestam-se à "segurança nacional", à "necessidade de manterem o equilíbrio ou a relação entre a renda rural e a urbana" e para atenderem "uma exigência de sua própria indústria" (MONT'ALEGRE, 1976, p. 250).

Finalmente, cabe observar que a trajetória brasileira seria profundamente influenciada por três fatos ocorridos até o final da década de 1970: os dois choques dos preços do petróleo (em 1973 e em 1979) e a reversão da tendência altista dos preços do açúcar no MLM após novembro de 1974. Eles serão referências para a análise contida no próximo capítulo.

Capítulo III

A EVOLUÇÃO ENTRE 1975 E 2003: NO BRASIL, ENTRA E SAI DE CENA O PROÁLCOOL, NO MUNDO O AÇÚCAR PERDE ESPAÇO

Sinopse: O capítulo tem em conta o crescimento do mercado mundial de açúcar centrifugado a partir da reversão da tendência altista de seus preços após 1975 e estende a análise até 2003; destaca as expansões ocorridas nos mercados internos de alguns países, produtores de açúcar de cana e de beterraba. Tem em conta o caso da ampliação da CEE e sua transformação na União Europeia; a continuação do processo de concorrência com os substitutos e a relativamente menor expansão do mercado de açúcar obtido pelo processamento daquelas duas matérias-primas. Destaca o caso do Brasil, dada a relação entre o mercado interno de açúcar e de **álcool carburante**; ressalta a importância do Proálcool nesse processo e sua contribuição para que o país assumisse a liderança das exportações mundiais do adoçante.

Este capítulo deve ser iniciado em 1975 por conta de dois eventos de extrema importância para a trajetória tanto do mercado mundial de açúcar como da agroindústria canavieira do Brasil até 2003. O primeiro deles, de âmbito mundial, foi a reversão da tendência altista dos preços internacionais do açúcar; o segundo deles, de âmbito nacional, foi o advento do Programa Nacional de Álcool/Proálcool, criado naquele ano, mas que se deveu a um evento anterior: o primeiro choque dos preços mundiais do petróleo no final de 1973. Cabe, devido a isso, iniciar a análise por esse segundo evento, mas não se pode negar que ele também sofreu a influência do primeiro evento, como confirma a seguinte observação que se encontra no relatório anual do IAA de 1980, referindo-se ao que ocorreu no quadriênio 1976-79: "o açúcar de exportação apresentou preços altamente gravosos para a economia do setor e consequentemente do País" (IAA, 1980, sem página, item 7/ Exportação), isto porque aquela reversão foi iniciada em dezembro de 1974. O vínculo entre a criação do Proálcool, institucionalizado pelo Decreto n. 76.593 de 14/11/1975, e a situação da exportação de açúcar pelo Brasil na época está devidamente demonstrada em SZMRECSÁNYI, 1979. Como ele escreveu, os programas que inspiraram tal decreto previam a elevação da produção de álcool no país, mas deveria ser estabelecida uma equivalência entre os preços do açúcar e do álcool, "a fim de permitir variar a produção de ambos, conforme as necessidades do consumo nacional e as condições do mercado internacional" (p. 311).

III.1 – O álcool como produto alternativo no Brasil

O Proálcool foi reformulado em 1977 e sua implementação foi acelerada. Em sua primeira fase (1975-1979) financiou, por motivos óbvios, a anexação de destilarias às usinas dos principais estados produtores de açúcar e elas passaram a produzir principalmente álcool anidro destinado à mistura à gasolina, prática iniciada, como já destacado, em 1931.[55]

Com o advento do segundo choque dos preços do petróleo no início de 1979 o Proálcool passou a financiar também as destilarias autônomas, o que se prolongou à primeira metade da década de 1980 e agora em estados e regiões que não eram tradicionais produtores de açúcar, e elas passaram a produzir principalmente o álcool hidratado, já que no âmbito do aparelho estatal federal voltado ao chamado "setor sucroalcooleiro" foi vencedora a posição dos que defendiam um maior apoio à produção desse álcool, para uso nos veículos automotivos que começaram a ser fabricados em 1979.[56]

Mas não tardou para que surgissem críticas ao Proálcool, seja quanto à sua concepção, seja no tocante à sua implementação, porque ele estimulou a formação e ampliação de canaviais Brasil afora, mas principalmente nos estados maiores produtores de açúcar. Elas destacaram: o processo de concentração fundiária que ele estimulou; a substituição de culturas alimentícias pela cana; os impactos ambientais negativos, principalmente nas

---

[55] RODIGUES (2004, p. 6) apresenta uma tabela que mostra que no início do século XX vários países também já lançavam mão da mistura álcool-gasolina, em porcentagens que variavam entre10 e 30%, cabendo destacar entre eles os casos da França (devido "excedentes agrícolas") e do Reino Unido (10% de ácool+15% de benzeno+75% de gasolina). Cabe acrescentar que o Proálcool não explorou ou não apoiou como poderia a produção de álcool a partir de outras matérias-primas: os dados mostram que apenas uma destilaria foi montada (em Minas Gerais) para processar mandioca, mas ela não demorou para ser fechada.

[56] A redação acima procura sintetizar o que efetivamente ocorreu no que passou a ser chamadas de primeira e segunda fases do programa, inclusive no tocante às relações institucionais (principalmente no âmbito do Governo Federal) que eram responsáveis pela implementação, administração, coordenação e fiscalização do mesmo. Desse emaranhado, convém lembrar que o I.A.A. perdeu parcialmente sua posição de responsável pelo planejamento das atividades da agroindústria canavieira do país. Em 1979 foram vendidos apenas 4.624 veículos movidos à álcool, em1980, 190.162 e foram convertidos, para usar esse carburante, 29.015 veículos (dados de I.A.A., 1980). Não sendo objeto de análise aqui, recomenda-se a leitura de diversas obras sobre o mercado interno e externo de etanol, entre as quais cabe mencionar as que analisam a trajetória dos quarenta anos do Proálcool.

águas (superficiais e subterrâneas)[57] e no ar (pela queima prévia à colheita); a intensificação do desmatamento, o uso de trabalho não qualificado e à revelia da lei, remunerado com base no desgastante corte de cana queimada. Também ocorreram denúncias quanto aos possíveis desvios e mau uso de recursos públicos implícitos nos financiamentos subsidiados, o que demandou uma investigação do Tribunal de Contas da União.

Nas informações preparadas pela Cenal/Comissão Executiva Nacional do Proálcool e divulgadas em 1980 encontra-se escrito que não poderão ser objeto de financiamento do Proálcool "máquinas, aparelhos ou equipamentos importados"; "aquisição de unidades já construídas ou em construção". Isto deixou devidamente clara a dupla intenção governamental: ampliar a produção de álcool com base em novas fábricas e evitar a concorrência de capital técnico/produtivo importado. O prazo dos financiamentos chegava a 12 anos para os projetos de destilarias, com carência de 3 anos (Cenal, 1980, págs. 12 e 13).

Um outro aspecto crítico que marcou a criação e a implementação do Proálcool foi que ele se restringiu ao apoio à produção de um bem final (o álcool, tal como o açúcar), deixando de incentivar e mesmo cobrar dos agentes setoriais ou dos investidores uma visão mais ampla quanto às potencialidades do aproveitamento integral da cana-de-açúcar. Isso foi lembrado por Tamás Szmrecsányi (SZMRECSÁNYI, 1989) em um texto apresentado em 1988 numa reunião de *experts* que ocorreu em Montpellier (França). Nele o autor destaca que (mesmo parcialmente) tal aproveitamento já vinha ocorrendo nos casos dos processamentos de milho (principalmente no EUA) e da beterraba açucareira (idem, Europa). Somente assim (com complementaridade entre produtos principais e subprodutos e com utilização de resíduos para uso "interno" ou para geração de receitas) alertou ele, a produção de etanol poderia baratear seus custos e enfrentar a concorrência com a produção de derivados do petróleo. Destacou igualmente que a utilização do açúcar como matéria-prima de uso industrial também estava exigindo tal aproveitamento, notadamente frente à concorrência com seus possíveis substitutos. Isto ficará devidamente claro a seguir.[58]

---

[57] Acrítica à poluição das águas superficiais (lagos e rios) decorria do fato de que a produção de um litro de álcool gerava 12 litros de vinhaça que eram nelas lançados; depois, passou-se a usar a ferti-irrigação, que é o lançamento desse resíduo no solo, mas constatou-se que isso, dada a grande quantidade, compromete a qualidade das águas subterrâneas. Inovações tecnológicas reduziram em muito tais problemas. O emprego de mão-de-obra no corte de cana queimada foi, principalmente em São Paulo, substituído pela mecanização integral da colheita, depois da primeira década do Século XXI.

[58] O autor escreveu que "O consumo industrial não obedece à mesma lógica que o consumo doméstico. No consumo pessoal e/ou familiar, o açúcar constitui gênero alimentício de primeira necessidade, e de difícil substituição por outros produtos [...] Para as empresas industriais, pelo contrário, o açúcar não passa de um insumo, como os outros, e o seu preço representa elemento fundamental na determinação dos custos de produção e, consequentemente, das possibilidades de lucro" (SZMRECSÁNYI, 1989, p. 169). Lembrou ele também o fato de que produtos agroindustriais são suscetíveis a impactos climáticos e são, via de regra, sazonais, o que faz seus montantes e, portanto, ofertas, variarem significativamente.

As mencionadas críticas vieram à público ainda no início da segunda fase do programa há pouco referida e elas questionaram a sustentabilidade e, portanto, a continuidade do programa, o que foi logo reforçado por um evento mundial: a reversão da tendência altista dos preços do petróleo, a qual começou em 1981. Tais preços só voltaram a ter um nível semelhante ao de 1980 em 2008, a partir de quando caíram e atingiram um pico em 2011, ao qual não voltaram até 2021.[59]

Se a reversão dos preços do petróleo colocou em xeque a continuidade do Proálcool, um outro fato pode ser considerado como o que abalou definitivamente a sua credibilidade e, portanto, pode ser tomado como o que determinou seu fim: tratou-se da falta de álcool hidratado nos postos de abastecimento espalhados pelo território nacional na passagem de 1989 para 1990. Isto depreciou enormemente o valor de um ativo pessoal/familiar ou empresarial – o veículo movido àquele carburante – de tal forma que o mote propagandístico "carro à álcool – você ainda vai ter um" deixou de ser um convite à compra para soar como uma ameaça. Ilustra esse comentário o fato de que o licenciamento de veículos automotores movidos à álcool (automóveis e comerciais leves) caiu das 566.482 unidades em 1988 para 399.529 em 1989 e daí para 81.996 em 1990. Os licenciamentos voltaram a cresce logo depois, mas em meados da década de 1990 despencaram (os dados podem ser vistos no *Anuário da Indústria Automobilística Brasileira*, divulgado pela Associação Brasileira dos Fabricantes de Veículos Automotores/Anfavea). O ponto central é que, como já observado, a mistura de álcool anidro à gasolina era uma prática antiga e, portanto, o programa acabou sendo associado ou identificado com o mercado (produção e consumo) de álcool hidratado como substituto do derivado do petróleo. Para BACCARIN, 2005, p. 134, o fim do Proálcool ocorreu em fevereiro de 1991 quando da revogação da "última legislação editado sobre o Proálcool" e quando foram extintos "o Conselho Nacional do Álcool (CNAl) e a Comissão Executiva Nacional do Álcool (CENAL). Em suma, o Proálcool se extinguia".

---

[59] Um estudioso publicou um trabalho em 1985 no qual a conclusão mais importante deu conta de que "nenhum dos combustíveis selecionados baseados em biomassas é, portanto, competitivo com os derivados do petróleo nos dias de hoje" (PELIN, 1985, p. 150). Outra crítica ao Proálcool foi feita por um estudioso francês (Ignacy Sachs, recentemente falecido) e lembrada por ABRAMOVAY, 2008, ao escrever que ele "sempre criticou o pró-álcool por não se apoiar no aproveitamento integral dos potenciais agronômicos" da cana. "O Brasil deveria ter feito um **pró-cana** e não um pró-álcool, diz ele". Apenas mais recentemente tem ocorrido investimentos que aproveitam tal potencial: entre eles cabe mencionar a utilização da palha na produção de álcool e na conservação do solo, dado o virtual fim da queima prévia à colheita. No Brasil vem crescendo também a utilização do milho nessa produção.

Embora a atenção desse texto esteja voltada aos mercados interno e mundial de açúcar, não se pode menosprezar a importância do Proálcool para o então futuro imediato da agroindústria canavieira do Brasil porque tal programa ampliou sobremaneira o histórico elo entre o mercado interno de açúcar e o de álcool, anteriormente denominado carburante, hoje etanol.[60]

TABELA III.1 – BRASIL – INDICADORES DA EVOLUÇÃO DA AGROINDÚSTRIA CANAVIEIRA DURANTE A DÉCADA DE 1990 (médias das safras 1989/90-90/91-91/92 e 1999/2000-2000/01-2001/2)

INDICADOR		SITUA-ÇÃO EM 1990	SITUA-ÇÃO EM 2000	Cresc. %
1.Produção de açúcar (mil t)		7.703,3	18.131,6	135,4%
2.Exportação de açúcar (mil t)		1.616,7	9.783,3	505,1%
3.Produção de álcool – total (milhões de litros)		12.052,6	11.687,8	-3,03%
4.Produção de álcool anidro (idem)		1.575,3	6.068,3	285,2%
5.Produção de álcool hidratado (idem)		10.477,3	5.619,5	-46,4%
6.Número de fábricas (total)	Dados das safras de 1990/91 e de 2001/02	394	306	-22,3%
7.Número de usinas		30	18	-40,0%
8.N. de usinas com destilarias		168	187	11,3%
9.N.de destilarias autônomas		196	101	-48,5%

Fontes: MAPA, 2009, diversas págs.; RAMOS, 2016.

Para sustentar com dados esse comentário, particularmente no ocorrido durante a década de 1990, são apresentados os indicadores que constam da Tabela III.1. Eles permitem constatar que um número crescente de usinas incorporou destilarias nos seus parques fabris. Mas o fato principal foi outro: diversas destilarias autônomas foram transformadas em usinas e, então, passaram a produzir também açúcar.[61] Os proprietários de muitas não conseguiram fazê-lo e acabaram sendo fechadas, o que explica a diminuição do número de tais fábricas entre 1990 e 2000. Também se constata o crescimento da produção de álcool anidro destinado à mistura com a

---

[60] BACCARIN, 2005 (p. 82) com base nos dados do trabalho do Tribunal de Contas da União mostrou que, entre 1976 e 1985 os recursos públicos participaram com a média de 62,2% nos investimentos do programa.

[61] Em São Paulo, estado maior produtor de açúcar e álcool no Brasil, 38 destilarias foram transformadas em usinas entre o final da década de 1980 e 2002, e nove usinas "encerraram atividades durante a década de 1990" (RAMOS e PELEGRIN, 2019).

gasolina[62]; a diminuição do número de fábricas que só produziam açúcar. Esta diminuição e o fechamento de destilarias ocorreram em decorrência do fim do apoio estatal e, consequentemente, das dificuldades financeiras que atingiram os fabricantes de menores condições financeiras no transcorrer da mencionada década.[63] A enorme diferença entre a evolução da produção e exportação de açúcar pode ser tomada como indicação dos excessos de produção que ocorriam (e ocorrem) quando se considera apenas o mercado interno do país.

O processo de transformação de destilarias em usinas foi possível depois que o IAA deixou de proibir a formação de novas usinas quando de sua extinção em março de 1990. Isso sucedeu a liberação da exportação de açúcar que era monopólio da autarquia até junho de 1988, quando passou a ser permitida às pessoas físicas e jurídicas de direito privado.

Se o advento do Proálcool permitiu a diminuição da capacidade ociosa dos capitais investidos no complexo canavieiro do país (portanto, não apenas na produção de açúcar e/ou álcool, mas igualmente na produção de equipamentos, insumos, serviços e etc) seu fim em 1990 abriu uma crise setorial que só não foi mais traumática porque logo após, em meados da década de 1990, nossas exportações de açúcar passaram a um outro patamar e, assim, esse produto retomou seu protagonismo no contexto da agroindústria canavieira do Brasil.

---

[62] Como observado no segundo capítulo, a mistura de anidro à gasolina é uma prática que foi instituída em 1931 no Brasil e ela atingiu 42% durante a Segunda Grande Guerra, mas caiu depois, chegando a ser de apenas 1,3% no triênio 1968-70; de 2,2% no quinquênio 1971-75 (mais dados em RAMOS, 2022, p. 160). Em 1993 tornou-se lei a obrigatoriedade de tal prática e mais dados sobre isso ficam para o capítulo seguinte.

[63] A importância do Proálcool para a agroindústria do açúcar no Brasil foi tamanha que alguns estudiosos advogaram a ideia de que o futuro dela ficaria dependente da evolução do mercado mundial de álcool, o que não ocorreu até os dias atuais, embora isso não implique diminuir a importância do mercado nacional e internacional desse derivado para tal agroindústria. Convém mencionar que o EUA sobrepujou o Brasil na produção de álcool (de milho) após 2005.

TABELA III.2 – OS OITO PAÍSES MAIORES PRODUTORES E EXPORTADORES DE AÇÚCAR NOS TRIÊNIOS DAS SAFRAS 1988/89-89/90-90/91; 1993/4-94/95-95/96 E 1998/99-99/2000-2000/01 (dados em mil toneladas)

TRIÊNIO 1988/9-89/90-90/91		TRIÊNIO 1993/4-94/5-95/96		TRIÊNIO 1998/9-99/2000-2000/01	
OS MAIORES PRODUTORES	OS MAIORES EXPORTADs.	OS MAIORES PRODUTORES	OS MAIORES EXPORTADs.	OS MAIORES PRODUTORES	OS MAIORES EXPORTADs.
Índia 11.826	Cuba 7.095	Índia 15.446	BRASIL 4.220	Índia 19.378	BRASIL 9.250
F.S.U. (*) 9.197	Austrália 2.869	BRASIL 12.043	Austrália 4.045	U. Europ. 18.612	U. Europ. 6.025
BRASIL 8.092	Tailândia 2.804	EUA 6.940	Tailândia 3.676	BRASIL 18.500	Austrália 3.752
Cuba 7.908	França 2.768	F.S.U.(*) 6.402	Cuba 3.233	EUA 7.919	Tailândia 3.631
EUA 6.123	Alemanha 1.553	China 6.364	França 2.943	China 7.781	Cuba 3.167
China 5.859	BRASIL 1.390	Tailândia 5.215	Alemanha 1.467	Tailândia 5.405	Áf. do Sul 1.405
França 4.440	Áfr.do Sul 861	Austrália 4.886	Mauritâ-nia 546	México 5.060	Guatemala 1.139
Alemanha 4.112	Mauritâ-nia 633	França 4.814	Holanda 381	Austrália 4.869	Colômbia 950
OUTROS 51.395	OUTROS 10.077	OUTROS 55.176	OUTROS 11.177	OUTROS 45.388	OUTROS 9.719
TOTAIS 108952	TOTAIS 30.050	TOTAIS 116885	TOTAIS 31.688	TOTAIS 132912	TOTAIS 39.038
%BRASIL 7,43	%BRASIL 4,63	%BRASIL 10,30	%BRASIL 13,32	%BRASIL 13,92	%BRASIL 23,69

Fonte: FNP, *AGRIANUAL 97*, p. 177 e 184; 2004, p. 231; 2005, p. 277; 2006, p. 248; ALIMANDRO *et al.,* 2001, p. 104.

(*) F.S.U.=Rússia, Ucrânia e mais dez países; em 1993/4-94/5-95/6 o total produzido pela Rússia+Ucrânia foi de 6.001 mil toneladas e a dos demais dez países foi de apenas 401 mil t.

Para não haver dúvidas sobre tais afirmações, são apresentados os dados da Tabela III.2, que mostram que a participação do Brasil nas exportações mundiais cresceu mais do que a participação de nossa produção no mundo ao longo da década de 1990, o que fez o país tornar-se o maior exportador já na metade dela. Constata-se que Cuba perdeu significativamente suas exportações ao longo da década, mas principalmente na primeira metade dela, o que se deveu ao fim da U.R.S.S. em 1991, mas a Rússia e a Ucrânia ainda eram grandes produtoras em meados da década. Finalmente, constata-se que a África do Sul, a Guatemala e a Colômbia aparecem como exportadoras no último triênio, mas não se pode concluir que tais países passaram a ocupar os lugares dos três países europeus (França, Alemanha e Holanda) que figuravam como grandes exportadores no segundo triênio porque as exportações desses três estão somadas às da União Europeia, que aparece como grande produtora e exportadora na passagem da década de 1990 para a de 2000[64]. Este último comentário recomenda retomar a análise da evolução do mercado mundial de açúcar desde onde foi interrompida no capítulo anterior, ou seja, desde 1975.Nessa análise convém resumir dois processos.

III.2 – As mudanças no mercado mundial de adoçantes e o impacto da CEE/PAC

O primeiro deles exige comentar o que ocorreu com os mercados preferenciais. Como decorre do que já foi escrito, a junção CEE-OCM--ACP implicou na reserva do mercado de parte dos países europeus para o açúcar proveniente dos países dela integrantes. Convém acrescentar que, em 1973, além da entrada do Reino Unido (Inglaterra, Escócia, País de Gales e Irlanda do Norte) na CEE, ocorreu a da Dinamarca e da Irlanda; em 1981 entrou a Grécia; em 1986 entraram Espanha e Portugal. O segundo processo será visto a seguir e trata da continuidade de substituição do açúcar por outros adoçantes.

Como já mencionado, o Protocolo do Açúcar (assinado em Lomé em 1975), criou as condições para que a CEE deixasse de ser importadora e

---

[64] Conforme dados de STALDER, 1997, p. 27, a União Europeia, no quadriênio 1990-93, foi a maior exportadora de açúcar (com a média de 5,59 milhões de toneladas), seguida de Cuba (4,98); Austrália (3,04); Tailândia (2,88); Ucrânia (2,19); Brasil (1,99). A UE foi criada no final de 1993 e, na média do quadriênio referido, importou 1,94 milhão de t.

passasse a ser exportadora de açúcar: em 1976 ela alcançou a exportação líquida de 1,2 milhão e em 1977 de 2,4 milhões (conforme dados de FAO, 1985, págs. 17 e 21). Em 1980/81 a CEE (dez países) já era o segundo maior exportador líquido de açúcar centrifugado (3,218 milhões de TM), precedida apenas de Cuba (6,22 milhões); o Brasil figurava em quarto (2,227 milhões), atrás da Austrália (2,867), seguido da Tailândia (704 mil) e da África do Sul (544 mil TM) (conforme dados de SZMRECSÁNYI, 1989, p. 166/67).[65]

Como já observado, a tentativa de um acordo em 1973 fracassou. Portanto, o acordo anterior era o de 1968, no qual a quota do Brasil foi de 500 mil toneladas, inferior a de Cuba (2.150), Austrália (1.100), África do Sul (625) e Formosa /Taiwan (630). No acordo de 1977, as quotas, válidas para 1979, foram: Cuba (2.018); Austrália (1.998); Brasil (1.915); Índia (872) e África do Sul (713). No entanto, no acordo de 1968, "eram tão profundas as divergências que a Conferência [...] chegou ao termo de seu prazo sem que se houvesse podido adotar critérios sobre a composição do sistema de tonelagens básicas e seu relacionamento com o movimento do mercado (preços)", conforme escreveu MONT'ALEGRE, junho/1973, p. 30. O EUA não participou desse acordo, mas a CEE[66] foi contemplada nele com uma quota de 300 mil toneladas.

No acordo de 1977 as divergências se agravaram. Enquanto o EUA participou ativamente nele, a CEE demonstrou "falta de interesse", o que ocorreu provavelmente em decorrência do novo sistema de quotas do EUA e certamente devido à mudança de posição da CEE de importadora para exportadora.[67] A FAO atribuiu o fracasso do acordo em conseguir o equilíbrio do mercado à ausência da CEE, ou seja, por ficado de fora "el mayor exportador mundial del mercado libre" (FAO, 1985, p. 42). O prazo desse acordo expirou em 1984 e as negociações para um novo ocorreram na primavera e no outono de 1983 e em junho de 1984. Durantes tais negociações foi exposta a necessidade da participação da CEE, mas esta deixou

---

[65] O total das quotas preferenciais dos países ACP, mantido igual entre 1975 e 1999, foi de 1,30 milhão em toneladas equivalentes de açúcar branco, sendo que o país de maior quota foi Maurício (aproximadamente, 490 mil t); seguido de Fiji (idem, 165 mil) e da Guiana (idem, 158 mil), conforme os dados apresentados por MITCHELL, 2004, p. 31.

[66] Convém lembrar que a CEE era então composta por: Bélgica, Luxemburgo, Alemanha Ocidental, França, Itália e Holanda.

[67] Se no quadriênio de 1974-77 o Brasil vendeu 8,19% do açúcar importado por países do mundo, sendo 9,87% desses para os componentes da CEE, no septênio de 1978-84 os respectivos porcentuais foram de 9,05% e de 1,13% (conforme dados de CARVALHO, YOSHII e NOGUEIRA JUNIOR, 1988, P. 5).

claro que não aceitaria restrições à exportação na forma até então utilizada, a do sistema de quotas e "presentó un plán basado em las obligaciones de mantener existências" (FAO, 1985, p. 24). Ao fazer isso, ou seja, ao propor que fosse levada em conta a formação e manutenção de estoques para definir as exportações dos países, a CEE contribuiu para o fim das negociações.[68] Mas não foi apenas devido a isso que ocorreu o fim dos acordos que eram feitos sob a coordenação da Organização Internacional do Açúcar.

Durante as mencionadas negociações foram formados quatro grupos de países cujas demandas não convergiam. O primeiro deles era formado por países grandes exportadores na época (Cuba, Brasil, Austrália e CEE); o segundo, formado pelos países de exportações medianas, liderados pela Argentina, Colômbia e Guatemala; o terceiro, composto pelos blocos Geplacea e ACP; o quarto formado, entre outros, pelo México e Venezuela, que se apresentaram com posições ambíguas entre participar como exportadores ou como importadores (considerações baseadas em CERRO, 2006).

O fato é que o acordo de 1977 não foi o primeiro e tampouco o único a fracassar na busca de disciplinar o mercado livre mundial de açúcar. É necessário entender porque os acordos fracassavam.

A definição de uma quota, que recebia a denominação de "direitos de exportação", tinha como "válvula de escape" (como todo bom sistema de controle ou limitação tem) algo pelo qual os países pressionavam: a possibilidade de superação do montante definido, o que na verdade tornava as quotas flexíveis. Assim, se um dado país expandisse sua produção, o que geralmente acontecia (salvo problemas climáticos duradouros) porque o sistema produtor é (quase) sempre expansivo, ele poderia elevar suas exportações, ou seja, extrapolar a quota. É facilmente perceptível que isso sinalizava para preços que geralmente passariam a apresentar quedas no MLM. Daí a dificuldade de chegar a um acordo sobre os montantes das quotas, ou mesmo ao uso delas, como quis a CEE. Por outro lado, há que se ter em conta que, quando os preços se elevam, os exportadores tendem a aumentar suas ofertas. Ou seja, se não se consegue efetivamente "disciplinar" a oferta, vale dizer, garantir o respeito ao que foi negociado ou definido, não se consegue estabilidade dos preços ou, como se queira, equilíbrio de mercado. A flexibilidade pretendida

---

[68] Segundo MENEZES, 1985, p. 57, a CEE apresentou outras exigências: "intensificação do controle quanto ao desenvolvimento de sucedâneos de açúcar; fiscalização aos acordos preferenciais e maior controle das exportações dos países desenvolvidos". A autora acrescentou que "as exigências da CEE vão contra a política de potências como Estados Unidos e Japão" e que esses dois países adotaram medidas destinadas à expansão da produção de HFCS.

impõe essa dificuldade. Essa conclusão é confirmada quando se tem em conta a ambiguidade da posição de alguns países, conforme há pouco mencionado.

Na análise que fez sobre "a estrutura dos mercados de produtos primários", Omer Mont'Alegre observou que "Dos produtos primários, o açúcar é o que proporciona maiores problemas a resolver dentro de um Acordo" e atribuiu essa conclusão a três aspectos: o primeiro deles devido à diferença entre os ciclos de produção da beterraba açucareira ("de ciclo vegetativo curto") e da cana ("de ciclo médio"); em segundo lugar, à "maior perecibilidade do açúcar" quando comparada aos "produtos sob Acordo"; em terceiro lugar, porque o açúcar é um "gênero de demanda inelástica". Tais aspectos explicavam, segundo ele, porque o açúcar "É a matéria-prima cuja comercialização depende em maior escala do Estado", tendo acrescentado que "Em 1972, 80% do açúcar exportado para o mercado mundial foram, direta ou indiretamente negociados por Governos" (MONT'ALEGRE, 1976/7, p. 140).[69]

Devido à diferença acima apontada entre os ciclos de produção da beterraba e da cana ocorre que o retorno do investimento na agroindústria de açúcar da primeira matéria-prima tende a ser predominantemente de menor prazo e também mais flexível ou reversível. Isto permite que o aproveitamento dos movimentos altistas que caracterizam os ciclos de preços do açúcar (assim como das demais *commodities*) seja maior do que quando comparado com o que decorre no caso da agroindústria da cana-de-açúcar; a qual tem sua rentabilidade afetada pelas variações da produção de sua concorrente.

Pode-se considerar os casos do Brasil, do México, da Tailândia, da Colômbia, da Guatemala e do Paquistão como os mais ilustrativos do comentário de que os países elevaram suas produções e, assim, tornaram--se grandes exportadores, como já foi devidamente demonstrado neste

---

[69] Convém fazer uma observação sobre o conceito de elasticidade da demanda mencionado pelo autor. Tendo em conta o que escreveu depois das menções à perecibilidade e inelasticidade ("Estas circunstâncias se agravam na medida em que são desenvolvidos sucedâneos sintéticos e naturais"), fica evidenciado que ele está se referindo ao conceito de "elasticidade-preço", ou seja, no sentido da relação entre variação da quantidade demandada/consumida e variação do preço de um bem qualquer (no caso o açúcar). Nesse caso, o aparecimento de substitutos (ou "sucedâneos") com preços competitivos pode mesmo fazer cair a demanda; assim, mesmo que o preço do açúcar caia a demanda também pode cair (e até mais) se os preços daqueles caírem mais, ao que se deve acrescentar a questão da qualidade comparada dos bens em questão. Isso ajuda entender porque o "efeito substituição" é importante. Mas é necessário lembrar o conceito de "elasticidade-renda", que deriva da relação entre variação da quantidade demandada/consumida e variação da renda do consumidor. Nesse caso a demanda pode ser elástica, vale dizer, aumentar em decorrência do aumento da renda. Daí a importância do "efeito-renda".

trabalho. Adicione-se a isso os casos da CEE e da França.[70] Por outro lado, é certo que alguns países deixaram de ser grandes produtores e/ou grandes exportadores, como os casos da Alemanha, da Tchecoslováquia, de Maurício e de países do Caribe. Isto ficará evidenciado a seguir.

Quanto ao mercado preferencial estadunidense não há muito o que destacar pois, conforme já observado, o novo sistema de quotas não alterou significativamente a possibilidade de colocação do açúcar brasileiro em tal mercado. Os países mais beneficiados continuaram sendo Filipinas e República Dominicana, seguidos do Brasil, Guatemala e Peru, mas o montante total quotizado caiu muito entre 1982/83 e 2000/01: de 2,624 milhões de toneladas métricas para 1,390. A quota do Brasil caiu de 368,3 para 152,7 mil t. m. Adicione-se a isso o fato de que alguns países foram acrescentados aos beneficiados, embora com pequenas quotas (casos do Congo, Gabão, Papua Nova Guiné St. Kitts-Nevis e Uruguai (ver a lista completa com as respectivas quotas em MITCHELL, 2004, p. 39).[71]

Cabe passar agora para o segundo processo anteriormente mencionado.

A substituição do consumo de açúcar de cana e de beterraba não deixou de continuar mundo afora. O caso mais ilustrativo continuou sendo o do Estados Unidos, onde o consumo total de HFCS passou de 21.700 toneladas métricas na média de 1972-74 para pouco mais de 8 milhões em 2003. Já o consumo de açúcar caiu de 10 milhões de t. m. em 1970 para pouco menos de 9 milhões em 2003. Ou seja, tais consumos totais apresentaram uma aproximação dos respectivos níveis, o que ilustra convenientemente o gráfico apresentado por MITCHELL, 2005, p. 22.[72]

O que convém lembrar é que há diferentes "fontes" de açúcar natural que pode ser extraído de diferentes plantas, necessitando de processamentos com diferentes graus de industrialização. Isto se encontra destacado em SZMRECSÁNYI, 1989.

---

[70] Uma tabela apresentada por BARRY et al., 1990, p. 83 (Apêndice) mostra os seguintes comportamentos de variáveis no mercado da Comunidade Europeia nas médias de 1974/75-75/76-76/77 e de 1987/88-88/89-89/90: a produção de açúcar cresceu de 11,15 milhões de t. m. para 14,52; a importação caiu de 4,13 para 2,68; a exportação cresceu de 2,69 para 5,46 e o consumo doméstico cresceu de 12,08 para 12,25 milhões de t. m.

[71] Segundo dados de HUEBE, 1992, p. 27, as quotas destinadas aos países do Geplacea totalizaram, em 1982/3, 63,13% das 2,624 milhões de toneladas, sendo que a do Brasil foi de 22,3% do total do Geplacea e de 14,1% do total geral; em 1992/3 os porcentuais foram, respectivamente, de 62,5, 22,0 e 13,8 do total de 1,115 milhões.

[72] BURNQUIST e BACHI (2002, págs. 148 e 150) chamaram a atenção para o fato de que o custo de adoçantes alternativos, (tais como a frutose e o HFCS) "no mercado norte-americano é ainda mais elevado para os consumidores" quando comparado ao do açúcar. Destacaram também que "Em 1977, a isoglucose foi incorporada à política açucareira" da CEE.

O consumo de substitutos do açúcar não apresentou um crescimento ainda mais expressivo porque, entre o final da década de 1980 e início da de 1990, surgiram acusações de que alguns deles poderiam causar danos à saúde humana. Isso ocorreu no caso do aspartame, um edulcorante artificial, o que levou "um comitê de técnicos e especialistas da Grã-Bretanha" a fazer uma investigação, apesar do fato de que, nos EUA "o produto obteve do F.D.A. o competente certificado de inócuo à saúde humana" (notícia veiculada na revista *Álcool & Açúcar* N. 55, Setembro/Outubro-1990, p. 8).

Se o efeito-substituição provoca uma diminuição do consumo de açúcar de cana e de beterraba, há que se ter em conta que o efeito-renda pode provocar o aumento, o que pode igualmente pode acontecer com o consumo de substitutos porque o que determina um ou outro movimento é a relação de preços e os hábitos de consumo, os quais são influenciados por aspectos culturais, regionais, históricos e etc. Mas o fato é que o aumento do consumo de substitutos do açúcar ocorreu em todos os continentes depois da metade da década de 1980, conforme o demonstram gráficos apresentados por SZMRECSÁNYI e ALVAREZ, 1999, págs.14 e 16.[73]

A Tabela III.3 traz dados sobre a produção de xarope de frutose[74] em diversos países no início do Século XXI. Como se pode ver, embora o EUA liderasse tal produção no contexto mundial, o fato é que muitos países já produziam tal adoçante, inclusive a Argentina e outros países classificados como "em desenvolvimento". A produção total mundial chegou a mais de 11 milhões de toneladas na média de 2002/03/04.

TABELA III.3 – PAÍSES MAIORES PRODUTORES DE H. F. S. – Média de 2002-04 (números em mil toneladas)

PAÍSES	Produção	PAÍSES	Produção	PAÍSES	Produção	PAÍSES	Produção
1-EUA	7.962,74	6-Argentina	246,67	11-Espanha	84,60	16-CIS (*)	43,33

---

[73] Dois gráficos elaborados por BARRY *et al.*, 1990, ilustram muito bem o ocorrido no mercado estadunidense de adoçantes na década de 1980: em 1977 a importação de açúcar igualava-se à produção, em 1989 ela se situou bem abaixo (p. 24); o preço do açúcar refinado de beterraba situou-se, entre 1980 e setembro de 1989, bem acima de dois tipos de HFCS (p. 26).

[74] A frutose é um açúcar monossacarídeo natural presente nas frutas, no mel e em alguns vegetais. Ele é benéfico para a saúde humana e pode ser consumido até mesmo por pacientes com diabetes tipo 2 de forma moderada.

2-Japão	782,67	7-Taiwan	183,33	12-Bulgária	80,02	17-Polônia	37,26
3-Coréia do Sul	348,0	8-China	176,67	13-Tailândia	75,00	18-Alemanha	34,84
4-Turquia	310,00	9-México	166,67	14-Bélgica	70,36	19-Malásia	29,33
5-Canadá	266,67	10-Hungria	136,88	15-Eslováquia	50,85	20-Reino Unido	26,97
TOTAL MUNDO							**11.364,90**

Fonte: F.O. LICHT, 2006, p. 112.
(*) CIS=Comunidade de Países Independentes (Fed. Rússa+10 países)

Já foi indicado que o preço real do açúcar apresentou tendência declinante entre 1950 e 2003, conforme um gráfico de MITCHELL, 2005, p. 20. Outro gráfico do mesmo autor (MITCHELL, 2004, p. 28) mostra que o preço de intervenção no mercado estadunidense situou-se acima dos preços mundiais do açúcar entre 1980 e 2003, sendo que o distanciamento entre eles cresceu após 1985, o que dá bem uma ideia das vantagens comerciais de quem coloca açúcar naquele mercado. É óbvio que isso contribui para o efeito-substituição. Em um terceiro gráfico MITCHELL (2005, p. 5) acrescentou o preço pago ao produtor local e nele é possível constatar que tal preço também se situou acima do preço mundial, com a vantagem de apresentar menor variação ao longo daquele período, o que também pode ser constatado no gráfico de SAMPAIO, 2014, p. 332, ao que se adiciona a visão de que o "preço interno" do açúcar no EUA ampliou sua superioridade em relação ao "preço externo", ou seja, ao preço do mercado mundial (ambos em US$ centavos/kg), depois de 1982 e até 2008.[75]

Com base em dados apresentados por MITCHELL, 2004 é possível acompanhar as evoluções, no período entre 1980 e 2000, das produções de cana-de-açúcar e de beterraba açucareira em diversos países. Tais dados são aproveitados na Tabela III.4. Eles mostram que as maiores diminuições da produção de cana-de-açúcar ocorreram em Cuba e na República Dominicana, enquanto as maiores elevações ocorreram no Vietnã, na Guatemala, na Tailândia, na China e no Brasil; a produção de beterraba açucareira recuou principalmente na Romênia e na Hungria, enquanto as maiores elevações se deram no Egito, no Chile, na Síria, na Turquia e na China.

---

[75] Mais detalhes sobre a legislação açucareira estadunidense (nos períodos desse capítulo e dos anteriores) podem ser encontrados em SAMPAIO, 2014, Cap. 8, item 8.1 (A questão açucareira "antiga" – 1789-1929) e 8.2 (História açucareira moderna: 1929-2008).

Em RAMOS, 2022, p. 140 é mostrado que, entre 1970 e 1990, os maiores crescimentos de produção de cana ocorreram, pela ordem, na Tailândia (taxa anual de 10,10%); na Guatemala (6,38%); no Brasil (6,14%); na China (6,09%) e na Indonésia (5,05%). Quanto à produção de beterraba, os maiores crescimentos ocorreram na China (9,45%); na Turquia (5,65%), no Marrocos (4,69%); na Grécia (4,09%) e na Hungria (3,83%). Portanto, os destaques entre 1970 e 2000 ficam para a China (produtora das duas matérias-primas), para a Turquia (beterraba); Tailândia, Brasil e Guatemala (cana). O caso da Hungria mereceria análise específica porque, depois do crescimento de sua produção de beterraba açucareira entre 1970 e 1990, o país a retraiu até 2000.[76]

TABELA III.4 – PRODUÇÃO DE CANA-DE-AÇÚCAR E DE BETERRABA AÇUCAREIRA EM DIVERSOS PAÍSES ENTRE 1980 E 2000 (médias trienais em 1979/81, 1989/91e 1999-2001, em milhões de toneladas e taxas anuais de crescimento entre 1980 e 2000)

| PAÍSES PRODUTORES DE CANA-DE-AÇÚCAR | | | | | PAÍSES PRODTS. DE BETERRABA AÇUCAREIRA | | | | |
PAÍSES	1979/81	1989/91	1999-2001	Taxas %a.a.	PAÍSES	1979/81	1989/91	1999-2001	Taxas %a.a.
Brasil	147,8	258,6	333,6	4,15	**França**	30,3	29,9	30,3	0,00
Índia	144,9	223,2	293,7	3,60	**Alemanha**	27,9	27,8	26,6	-0,24
Cuba	69,3	80,8	35,1	-3,34	**EUA**	22,1	24,4	27,7	1,14
China	33,8	63,9	76,4	4,16	**Polônia**	13,4	14,2	12,9	-0,19
México	34,4	40,8	48,6	1,74	**Itália**	14,7	13,5	12,5	-0,81
Tailândia	17,7	37,0	51,0	5,43	**Turquia**	8,9	13,5	16,5	3,13
Paquistão	29,1	36,2	48,4	2,58	**China**	5,3	13,4	9,2	2,80
Indonésia	19,5	27,6	23,7	0,98	**Reino Unido**	7,5	7,9	9,3	1,08

[76] MITCHELL, 2005, p. 2, mostra, em um gráfico, que entre 1970 e 2003, a produção caribenha de açúcar caiu dos 2,5 milhões de toneladas para 1,3, enquanto o consumo local quase dobrou; a exportação caiu de 1,3 milhão para 0,8 e a importação, que era praticamente zero, subiu para quase meio milhão em 2003 no período (números aproximados).

PAÍSES PRODUTORES DE CANA-DE-AÇÚCAR				PAÍSES PRODTS. DE BETERRABA AÇUCAREIRA			
PAÍSES	**1979/81**	**1989/91**	**1999-2001**	**Taxas %a.a.**			

PAÍSES	1979/81	1989/91	1999-2001	Taxas %a.a.	PAÍSES	1979/81	1989/91	1999-2001	Taxas %a.a.
Colômbia	24,7	27,4	32,8	0,89	**Holanda**	6,2	7,8	6,8	0,46
EUA	24,5	26,6	32,1	1,36	**Espanha**	6,7	7,1	7,7	0,70
Filipinas	31,5	25,2	25,9	-0,97	**Bélgica-Lux.**	6,6	6,5	5,9	-0,56
Austrália	23,4	24,2	35,9	2,16	**Hungria**	4,2	5,3	2,6	-2,37
África do Sul	17,3	18,9	23,0	1,43	**Romênia**	5,6	4,9	0,9	-8,74
Vietnã	3,9	5,6	16,0	7,31	**Irã**	3,6	4,1	4,7	1,34
Argentina	15,6	15,9	15,9	0,10	**Japão**	3,4	3,9	3,9	0,69
Egito	8,7	11,3	15,5	2,93	**Dinamarca**	3,1	3,4	3,3	0,31
Guatemala	5,6	9,3	16,6	5,58	**Marrocos**	2,2	3,0	3,1	1,73
Bangladesch	6,7	7,3	6,9	0,15	**Grécia**	2,3	2,9	2,8	0,49
Venezuela	4,8	7,1	8,6	2,96	Áustria	2,6	2,6	2,8	0,37
R. Dominicana	9,7	7,1	4,5	-3,77	**Chile**	0,9	2,4	3,1	6,38
Peru	6,4	6,8	7,5	0,80	**Suécia**	2,3	2,4	2,7	0,80
Equador	6,5	6,1	5,9	-0,48	**Egito**	0,1	0,8	2,8	18,13
Maurício	5,4	5,5	4,8	-0,59	**Suíça**	0,8	0,9	1,2	2,05
El Salvador	2,7	3,2	5,0	3,13	R. Árabe **Síria**	0,5	0,5	1,2	4,47
Total – Mundo	768,3	1.053,6	1.259,9	2,50	**Total – Mundo**	272,8	302,6	246,7	-0,50

Fonte: MITCHELL, 2004, Apêndice.

Os crescimentos acima mencionados de produção de cana-de-açúcar e de beterraba açucareira permitiram tanto o crescimento das produções, entre os quinquênios de 1970-74 e 2000-04, como das exportações de açúcar, entre os triênios de 1969-70-71 e 1998- 99-2000, pelos países que aparecem na Tabela III.5. Para ampliar a exposição foram adicionados os dados dos países maiores importadores entre os triênios acima. A Federação Russa, criada em dezembro de 1991, passou a congregar alguns países da extinta U.R.S.S.. Na média do triênio 1998-99-2000 ela importou 4,92 milhões de toneladas de açúcar, o que a colocou como a maior importadora de então.[77]. Devido à alteração ocorrida (de U.R.S.S. para Federação Russa) **a opção foi não apresentar esse dado na tabela.**

---

[77] Na média de 1970-74 a U.R.S.S. foi importadora de 2,21 milhões de toneladas, mas também foi exportadora de 493,2 mil na média do mesmo período (mas elas foram de 1,13 milhão na média de 1970-71 e de apenas 68 mil t na média de 1972-73-74; as importações não apresentaram grandes variações (ver os dados apresentados por SZMRECSÁNYI, págs. 96 e 98).

TABELA III.5 – PAÍSES MAIORES PRODUTORES DE AÇÚCAR (BRUTO E REFINADO) EM 1970-74 E EM 2000-04, MAIORES EXPORTADORES E IMPORTADORES EM 1969-71 E EM 1998-2000 (ordem pelas situações iniciais das variáveis dos países, complementadas pelas situações finais, números em milhões de toneladas)

PAÍSES MAIORES PRODUTORES (dados dos quinquênios)			PAÍSES MAIORES EXPORTADORES (dados dos triênios)			Ps. MAIORES IMPORTADORES (dados dos triênios)		
PAÍSES	1970-74	2000-04	PAÍSES	1969-71	1998-2000	PAÍSES	1969-71	1998-2000
1.U.R.S.S.	8,72	1,94(*)	1-Cuba	5,03	3,04	1-EUA	4,57	1,64
2.EUA (*)	5,58	7,56	2-Austrália	1,67	2,93	2-Japão	2,21	1,55
3.Cuba	6,09	2,67	3-Brasil	1,16	8,99	3-Reino Unido	2,11	1,38
4.BRASIL	6,57	23,13	4-França	0,86	2,88	4-Canadá	0,94	0,87
5.Índia	4,22	18,18	5-R. Dominicana	0,79	0,20	5-China	0,44	0,80
6.China (*)	4,20	10,08	6-África do Sul	0,62	1,24	6-França	0,36	0,31
7.França	3,02	4,51	7-China	0,60	0,42	7-Itália	0,31	0,31
8.Austrália	2,70	5,12	8-México	0,58	0,57	8-Malásia	0,30	0,85
9.México	2,62	5,46	9-Maurício	0,55	0,52	9-Sri Lanka	0,28	0,50
10.Alemanha Oc.	2,30(*)	4,42(*)	10-Polônia	0,23	0,39	10-Marrocos	0,26	0,52
11.Filipinas	2,11	2,15	11-Alemanha (*)	0,21	1,40	11-Rp. Coréia	0,23	1,40
12.Polônia	1,69	2,06	12-Reino Unido	0,21	0,68	12-Suíça	0,21	0,14
13.África do Sul	1,80	2,48	13-Bélgica+Lux.	0,20	0,83	13-Portugal	0,17	0,30
14.Argentina	1,28	1,74	14-Suazilândia	0,15	0,50	14.Espanha	0,13	0,34
15.Itália	1,17	1,37	15-Colômbia	0,14	0,99	15.Israel	0,13	0,43
16.R.Dominicana	1,15	0,51	-Tailândia	0,08	3,21	-Indonésia	0,12	1,57

PAÍSES MAIORES PRODUTORES (dados dos quinquênios)			PAÍSES MAIORES EXPORTADORES (dados dos triênios)			Ps. MAIORES IMPORTADORES (dados dos triênios)		
PAÍSES	1970-74	2000-04	PAÍSES	1969-71	1998-2000	PAÍSES	1969-71	1998-2000
17.Indonésia	0,88	1,90	-Guatemala	0,06	1,25	-Irã	0,00	1,07
18.Colômbia	0,79	2,56	-Paquistão	0,04	0,54	-Algeria	0,05	0,76
19.Tailândia	0,69	6,46	-Turquia	0,07	0,43	-Nigéria	0,10	0,78
20.Paquistão	0,54	3,69	-Itália	0,02	0,36	-Egito	0,01	0,93
21.Turquia	n.d.	2,19	-Rep. Da Coréia	0,00	0,31	-E.ÁrabesUnds.	0,01	0,74
22.Guatemala	n.d.	1,88	-Argentina	0,09	0,17	-Índia	0,00	0,71

Fontes: SZMRECSÁNYI, 1979, págs 96 e 98; MITCHELL, 2004; F.O.LICHT, 2006, diversas págs.

Notas (*): Em 1970-74: Nos dados do EUA estão inclusos os dados do Havaí, Porto Rico e Ilhas Virgens e nos dados da China os de Formosa/Taiwan; em 2000-04 são os dados da Alemanha reunificada e da Federação Russa. É provável que os dados da Alemanha, no triênio 1969-71, seja ada reunificada, mas a fonte (MITCHELL) não informa.

A grande perda da exportação de açúcar no caso cubano entre os triênios da tabela deveu-se à extinção da U.R.S.S. e, portanto, ao fim do mercado preferencial liderado por Moscou. Cabe observar que, mesmo por pouco tempo, como será visto, o Brasil beneficiou-se proporcionalmente mais disso do que da exclusão de Cuba do mercado preferencial estadunidense. De fato, conforme dados coletados e organizados por VEIGA FIHO, 2000, p. 55, as exportações brasileiras de açúcar para a "Ex-URSS" cresceram nada menos do que 348,7% entre os triênios de 1992/93-93/94-94/95 e 1996/97-97/98-98/99, portanto, bem acima do crescimento de 190% das vendas destinadas ao Oriente Médio e de 84,9% das destinadas à África Subsaariana.[78] Os países europeus (Alemanha, França, Itália, Bélgica, Reino Unido) foram (e são) quase que, exclusivamente, exportadores de açúcar refinado. Alguns países eram, simultaneamente, importadores e exportadores (casos da China, Itália, França e República da Coréia). O texto de PEREZ e TORQUATO, 2006, mostra que o estado que mais se beneficiou da elevação das exportações brasileiras de açúcar foi São Paulo: a média da quantidade exportada (em mil t) no triênio 1996-97-98 foi de 63,4% do total médio e de 68,7% no triênio 2002-03-04, participações que foram pouco menores quanto aos valores, pois passaram de 61,1% no primeiro triênio para 67,7% no segundo. Os autores observaram que "Considerando-se o acumulado do período 1996-2004, o principal comprador do açúcar paulista foi a Rússia, que perdeu essa posição para os Emirados Árabes em 2004" (p. 49).

---

[78] Os dados apresentados pelo autor também mostram que nossas exportações para a Europa Oriental e para a América do Norte cresceram, respectivamente, 141,6% e 214,4% naquele período, enquanto que para a União Europeia e para outros países da Europa Ocidental nossas exportações caíram e foram de quantidades bem menores. Em 1991, a partir da institucionalização do Mercosul, esperava-se que o açúcar paulista pudesse adentrar o mercado da Argentina devido seu menor custo do que o produzido no norte argentino. Mas isso não ocorreu devido ao fato de que os negociadores de Buenos Aires argumentam que o açúcar brasileiro é subsidiado. Tal alegação faz sentido principalmente quando se tem em conta o que já foi destacado anteriormente quanto à evolução da agroindústria canavieira do Brasil, especialmente entre 1970 e 1990. Desde então, embora MITCHELL (2004, p. 18) tenha afirmado que "não há subsídios diretos aos produtores de açúcar no Brasil", o fato é que a partir de 1993 (como já mencionado), uma lei garante a obrigatoriedade de mistura de etanol à gasolina, o que impacta a relação do mercado desse produto com o mercado de açúcar. Ademais, o Banco estatal BNDES (Banco Nacional de Desenvolvimento Econômico e Social) financia, via programa Moderfrota criado em 2000, a aquisição de tratores e máquinas colhedoras de cana com taxa de juros pré-fixada de 12,5%, abaixo da taxa oficial (SELIC) vigente no final de 2022 (13,75%).

O BRASIL NO MERCADO MUNDIAL DE AÇÚCAR ENTRE 1960 E 2020

TABELA III.6 - PRODUÇÕES, EXPORTAÇÕES E IMPORTAÇÕES DE AÇÚCAR CENTRIFUGADO POR CONTINENTES – MÉDIAS DE 1970-74 E DE 2000-04 (números em mil toneladas)

CONTINENTES	PRDUÇÕES			EXPORTAÇÕES			IMPORTAÇÕES		
	1970-74	2000-04	Cresc.	1970-74	2000-04	Cresc.	1970-74	2000-04	Cresc.
1.EUROPA	24.383	27.665	13,5%	3.742	9.912	164,9%	8.188	13.878	69,5%
2.AMs. NORTE e CENTRAL	17.502	20.482	17,0%	8.104	5.250	-35,2%	5.838	3.481	-40,4%
3.AM. DO SUL	11.109	30.549	175,0%	3.354	16.038	378,2%	269	903	235,7%
4.ÁSIA	14.806	46.681	215,3%	2.779	9.507	242,1%	6.219	20.636	231,8%
5.ÁFRICA	5.316	9.877	85,8%	2.261	4.878	115,8%	1.638	8.013	389,2%
6.OCEANIA	3.021	5.498	82,0%	2.075	4.067	96,0%	194	299	54,1%
MUNDO	76.137	140.752	84,9%	22.315	49.652	122,5%	22.346	47.210	111,3%

Fontes: SZMRECSÁNYI, 1979, pás. 96 e 98; F.O.LICHT, 2006, págs. 17/8/9; 35/6;39/40.
Nota: Os dados da Europa incluem os da Rússia, separados na fonte (SZMRECSÁNYI).

A Tabela III.6 traz os dados totalizados por continentes. Chama a atenção o fato de que a produção da Europa cresceu 13,5% entre os quinquênios de 1970-74 e de 2000-04, enquanto sua exportação cresceu 164,9% e a importação 69,5%.[79] Isto deve ser atribuído às medidas tomadas pela CEE/União Europeia, conforme analisado.[80] Os maiores porcentuais de expansão ocorreram nos casos das importações da África (389,2%) e das exportações da América do Sul (378,2%). Estes números indicam que as importações de países africanos para atenderem seus crescentes consumos (totais e *per capita*, que já haviam crescido no período analisado no capítulo anterior) continuaram entre 1975 e o limiar do século XXI; já o grande crescimento das exportações da América do Sul deveu-se em muito à elevação das vendas externas brasileiras a partir de meados da década de 1990: pelos dados da Tabela III.5 elas foram expandidas em 675% entre os triênios de 1969-71 e 1998-2000. Na Ásia o maior crescimento porcentual ocorreu nas exportações; não obstante a importação chinesa ter crescido 82% e a exportação ter caído 30% e da importação da Indonésia ter crescido 1.208% entre os triênios acima (também conforme os dados da Tabela III.5), o que se constitui em indicação de que outros países locais elevaram suas produções e exportações: o caso a destacar nesse aspecto é o da Tailândia, cuja produção foi expandida em 836% entre 1970-74 e 2000-04 e sua exportação em nada menos do que 3.912% entre aqueles triênios.

---

[79] Em MITCHELL, 2004 (p. 9) encontra-se um gráfico mostrando que as importações líquidas totalizadas para União Europeia, Estados Unidos e Japão caíram da média de 10 milhões de toneladas no início da década de 1970 para virtualmente zero no final da década de 1990. Enquanto isso, as exportações mundiais foram elevadas de pouco mais de vinte milhões de toneladas para um total próximo à 40 milhões de toneladas no mesmo período.

[80] Desagregando os dados do quinquênio 2000-04 (disponíveis em F.O.LICHT, 2006) evidencia-se que a produção da União Europeia foi de 75% do total europeu; a exportação de 86,2% e a importação de 43,3%. BURNQUIST e BACHI (2002, págs. 151/2) observaram que a UE previa em sua política que a exportação de excedentes de açúcar (quota B) beneficiar-se-ia do pagamento de uma "espécie de 'compensação'" (dados os menores preços no mercado mundial) e que "os produtores de beterraba de alguns países-membros também recebem recursos dos governos nacionais".

TABELA III.7 – MERCADO INTERNO DE AÇÚCAR <u>CENTRIFUGADO</u> DE CINQUENTA PAÍSES – QUINQUÊNIOS 1956-60 E 2000-04 (em mil t. m., ordem pela situação de consumo total em 1956-60; C.P.C.=consumo per capita)

PAÍSES	SITUAÇÃO EM 1956-60				SITTUAÇÃO EM 2000-04			
	Prod.(P)	Cons. (C)	C.P.C.	C./P.	Prod. (P)	Cons. (C)	C.P.C.	C./P.
1.EUA	4.307	8.375	47,2	1,94	7.558	8.898	30,97	1,18
2.U.R.S.S.- Rússia (*)	5.090	5.483	26,4	1,08	1.936	6.563	45,41	3,39
3.Reino Unido	747	2.856	54,9	3,82	1.465	2.421	40,32	1,65
4.Índia	2.081	2.228	5,30	1,07	18.179	18.827	17,86	1,04
5.Alemanha (*)	2.150	2.244	31,7	1,04	4.415	3.263	39,45	0,74
6.BRASIL	2.661	2.177	34,7	0,82	23.127	10.027	55,50	0,43
7.França	1.425	1.447	32,4	1,02	4.511	2.439	40,56	0,54
8.Japão	99	1.263	13,8	12,76	915	2.433	19,17	2,66
9.China	1.018	1.170	1,8	1,15	10.077	10.813	8,38	1,07
109.México	1.083	1.022	31,5	0,94	5.455	5.250	50,32	0,96
11.Itália	1.104	971	19,9	0,88	1.370	1.794	30,97	1,31
12.Polônia	1.068	864	30,0	0,81	2.061	1.736	44,94	0,84
13.Canadá	138	777	45,7	5,63	95	1.351	41,93	14,22
14.Argentina	808	707	34,9	0,88	1.741	1.555	40,37	0,89
15.Indonésia	818	685	7,8	0,84	1.895	3.783	16,08	2,00
16.África do Sul	892	661	41,1	0,74	2.475	1.616	37,22	0,65
17.Austrália	1.323	576	57,8	0,44	5.120	1.119	56,70	0,22
18.Tchecoslováquia (*)	789	513	38,1	0,65	744	703	44,12	0,94

PAÍSES	SITUAÇÃO EM 1956-60				SITTUAÇÃO EM 2000-04			
	Prod.(P)	Cons. (C)	C.P.C.	C./P.	Prod. (P)	Cons. (C)	C.P.C.	C./P.
19.Holanda	445	489	43,7	1,10	1.119	722	44,62	0,65
21.Espanha	434	463	16,1	1,07	1.141	1.355	33,71	1,19
22.Irã	101	358	18,2	3,54	1.110	1.991	29,45	1,79
23.Marrocos	Não prod	346	31,5	-x-	542	1.109	34,98	2,05
24.Egito	339	341	13,8	1,01	1.584	2.478	33,58	1,56
25.Belgica (*)	353	324	34,7	0,92	1.048 (B)	603(B)	56,06(B)	0,58
26.Cuba	5.605	307	47,3	0,05	2.674	682	60,54	0,26
27.Paquistão	149	208	2,3	1,40	3.688	3.839	25,28	1,04
28.Guatemala	62	61	17,2	0,98	1.883	549	39,68	0,29
29.Colômbia	273	272	20,1	1,00	2.562	1.507	36,13	0,59
30.Filipinas	1.261	294	12,3	0,23	2.146	2.066	24,24	0,96
31.Tailândia	89	85	3,9	0,96	6.462	2.098	32,88	0,32
32.Vietnã	5,6	49	3,7	8,75	1.120	1.130	13,81	1,01
33.Sudão	Não prod	120	10,8	(?)	797	580	15,21	0,73
34.Maurício	555	25	39,7	0,05	603	43,1	35,60	0,07
35.Quênia	22,9	76,9	12,1	3,36	489	679	21,29	1,39
36.Nigéria	Não prod	63	1,8	(?)	24(3safs.)	1.181	8,99	(?)
38.Argélia	2,2	224	21,3	101,8	Não p.	1.067	32,74	-x-
39.Venezuela	197	183	28,9	0,93	618	842	34,17	1,36

PAÍSES	SITUAÇÃO EM 1956-60				SITTUAÇÃO EM 2000-04			
	Prod.(P)	Cons. (C)	C.P.C.	C./P.	Prod. (P)	Cons. (C)	C.P.C.	C./P.
39.Perú	714	238	23,3	0,33	803	929	33,03	1,16
40.Rep. Dominicana	328	265	58,5	0,81	510	339	38,76	0,66
41.Chile	24	226	30,9	9,42	469	694	44,33	1,48
42.Malásia	Não prod	173	26,6	(?)	90	1.124	48,63	12,49
43.Equador	81	76	18,8	0,94	501	452	33,40	0,90
44.Suíça	37	247	47,5	6,68	219	403	54,63	1,84
45.Síria	7,1	59,4	13,8	8,37	115	693	39,45	6,03
46.Taiwan	872	113	11,5	0,13	151	595	26,30	3,94
47.Dinamarca	328	265	58,5	0,81	542	265	49,23	0,49
48.Fiji	204	14	37,8	0,07	330	52	59,91	0,16
49.El Salvador	45,3	38,7	15,9	0,85	524	234	36,22	0,45
50.Israel	12,2	70,1	35,3	5,75	Não prod	479	78,41	-x-
51.Ucrânia	Dados com os da U.R.S.S.				1.738	2.198	45,72	1,26
TOTAIS MUNDIAIS	45.004	44.883	Não disp	1,00	140.751	138.952	22,21	0,99

Fontes: I.S.C., 1963, várias páginas; F.O. LICHT, 2006, várias páginas.
(*) Embora os consumos da URSS e da Rússia não sejam comparáveis, foram colocados na mesma linha; em 1956-60 estão somados os dados das duas Alemanha e é Bélgica+Luxemburgo; em 2002-04 são os dados da República Theca+Eslováquia; Israel iniciou a produção de açúcar de beterraba em 1957, mas a média é de cinco anos.

Convém agora mostrar como evoluiu o mercado interno de açúcar centrifugado em cinquenta países entre o final da década de 1950 e o início do Século XXI. Para esse propósito foi preparada a Tabela III.7. A finalidade, ao listar um número tão grande de países, foi a de possibilitar comparações com dados que serão mostrados no próximo capítulo.

Começando pelo caso do Brasil convém destacar a grande queda na relação consumo/produção devido ao crescimento da produção, mesmo em face do consumo total de açúcar centrifugado ter quase quintuplicado. No caso do Japão a produção quase decuplicou, provocando uma grande queda na relação consumo/produção, para o que contribuiu também o crescimento em apenas 37,7% do consumo *per capita*. Quanto ao mercado estadunidense, destaca-se a queda desse consumo (em decorrência principalmente do efeito-substituição anteriormente comentado), o que fez o consumo total ficar quase no mesmo nível (cresceu menos de 5% em 44 anos). No Reino Unido, o consumo *per capita* caiu menos, mas a produção mais do que dobrou (algo que decorreu de fatos já apontados). Na Índia, o grande crescimento do consumo pessoal (243%) foi atendido pela significativa expansão da produção, o que contribuiu para a queda da relação C/P. Na China, a produção, o consumo total e o consumo *per capita* cresceram muito, evidenciando a grande expansão do mercado interno de açúcar centrifugado.

Não é o caso de comentar os dados e relações de todos os países que constam da Tabela III.7. Assim, destacam-se em seguida os/as que parecem mais marcantes.

Os países de menores consumos totais de açúcar centrifugado em relação às suas produções, em 2002-04, eram, pela ordem crescente: Maurício; Fiji; Austrália, Guatemala; Cuba; Tailândia e Brasil. Os países de maiores relações consumo/produção eram, também em 2000-04, pela ordem decrescente: Canadá (não obstante a queda do consumo *per capita*); Malásia; Síria; Taiwan, Rússia (em um número bem maior do que quando liderava a U.R.S.S.); Japão e finalmente Marrocos. Infelizmente, destaca-se a falta de alguns dados no caso da Nigéria.

Quanto ao consumo *per capita* destaca-se o caso de Israel, que apresentou no quinquênio 2000-04 o maior nível, seguido, em ordem decrescente, de Cuba, Fiji; Austrália; Bélgica; Brasil e Suíça. O caso de Cuba evidencia sua particularidade: de um consumo total médio que foi de apenas 5,5% da produção na média de 1956-60, ocorreu uma elevação para 25,5% em 2002-04, o que se deveu à enorme retração na produção (a produção em 2002-04 alcançou apenas 47,7% da de 1956-60). Os países de menores consumos *per capita* eram, pela ordem crescente: China; Nigéria; Vietnã; Sudão; Indonésia; Índia e Japão. Os baixos consumos pessoais que se constatam nos casos da China e da Índia, os dois países mais populosos do mundo, é que faziam com que a média mundial fosse relativamente baixa, para o que também contribuíam os casos da Indonésia (com população alta) e da Nigéria, país mais populoso da África.

No caso de alguns países, a variação significativa no consumo *per capita* de açúcar centrifugado determinou mudança na relação consumo/ produção (caso do ocorrido na Dinamarca, por exemplo). No caso da Malásia houve grande elevação do consumo *per capita*, o que determinou seu terceiro maior déficit em 2002-04, mas o fato é que não havia produção no país em 1956-60.

Enfim, ocorreu que alguns países apresentaram consumos totais de grandes montantes devido suas grandes populações, sendo que em outros os consumos *per capita* é que eram altos.[81]

Antes de concluir este capítulo convém retomar dois aspectos que já foram objeto de menção em capítulos anteriores e aos quais voltar-se-á no próximo.

O primeiro deles é quanto à já abordada diferenciação entre o mercado de açúcar centrifugado e o não-centrifugado.[82] A Tabela III.7 traz apenas dados do primeiro porque sua fonte (F.O.LICHT, 2006) não apresenta os dados do segundo. Embora caiba reconhecer que o comércio mundial de açúcar não-centrifugado provavelmente não ocorria em 2002-04, seu comércio interno em alguns países possivelmente existia e ainda existe, especialmente nos mais pobres ou de estrutura industrial incipiente. Convém lembrar que na Índia ainda é significativo o consumo de *gur* e no Brasil não é desprezível o mercado de rapadura, que são dois açúcares escuros, não centrifugados.

O segundo aspecto diz respeito à distinção do consumo de açúcar. Como foi visto, a publicação do Conselho Mundial de Açúcar traz, para o caso de poucos países, a distribuição entre "consumo doméstico" e "con-

---

[81] Situações e mudanças ocorridas em outros países serão perceptíveis na análise que será feita no próximo capítulo. Mas convém aqui mencionar que alguns deles já apresentavam, em 2000-04; grandes consumos *per capita* (casos de Trinidad e Tobago; Barbados; Singapura; Costa Rica e Nova Zelândia) ou grandes relações consumo/ produção (casos de Barbados; Costa Rica; Portugal). Isso se constituirá em indicação de porque alguns se tornarão grandes importadores de açúcar, embora tenham pequenas dimensões geográficas e/ou pequenas populações.

[82] Devido à falta de dados quanto à distinção entre consumo direto e indireto de açúcar, vale dizer, entre o consumo não-industrial e o industrial, a publicação da F.O.LICHT, 2006, utiliza o terno *use* quando apresenta os dados do consumo *per capita* (*sugar per caput use*) e *consumption* (*Sugar Consumption*) quando se refere ao total consumido em cada país e no mundo.

sumo industrial" de açúcar e, como observado, ela não é conveniente porque o consumo de bebidas e alimentos processados (bolos, doces etc) que contem açúcar também é "doméstico". Já foi destacado que tal distinção é importante para a análise dos rumos que o mercado de açúcar, tanto em termos nacionais como internacionais, tomou e vem tomando nos últimos sessenta anos. A obtenção de dados e informações sobre isso depende de eventuais publicações decorrentes de pesquisas específicas, geralmente feitas por organizações privadas interessadas no assunto, mas quase sempre de alcances limitados, seja no tempo (um ou poucos anos) e no espaço (neste ou naquele país ou região de mercado).

Uma pequena publicação da Copersucar/Cooperativa de Produtores de cana, açúcar e álcool do Estado de São Paulo sobre aquela distribuição informa que, na região Centro/Sul do Brasil, em 1988, a distribuição do consumo industrial de açúcar, que foi de 40% do total consumido, foi assim dividida entre 40% em refrigerantes; 31,5% em chocolates; balas e confeitos, 10% em alimentos; 6% em frutas, 5% em panificação; 3% em vinhos; 1,5% em sorvetes e 3% em outros. Portanto, coube ao consumo doméstico ou direto, 60%, sendo 37% de açúcar refinado e 23% de açúcar cristal. A mesma fonte também informa que o consumo total de açúcar no mercado interno passou da média de 4,90 milhões de toneladas na média das safras 1976/7-77/8-78/9 para a de 5,53 milhões na média de 1985/6-86/7-87/8, totais que atingiram, respectivamente, 64,5% e 69,4% do que foi produzido (ver COPERSUCAR, sem data, págs. 8 e 9).

No caso do EUA, o uso de açúcar, na média do triênio 1989-90-91, foi assim distribuído: 4,468 milhões de toneladas curtas em "uso industrial" e 3,367 milhões em "consumo direto" e 0,107 em "outros usos" (respectivamente, 56,3%; 42,4% e 1,3%). O uso industrial foi distribuído da seguinte forma: 1,590 milhões em produtos de padaria e em cereais; 1,247 milhões em produtos de confeitaria; 0,441 em produtos lácteos, 0,556 em alimentos processados e 0,634 em outros usos industriais (conforme dados apresentados por HUEBE, 1992).

Como já indicado, a consequência que decorre de um uso cada vez mais industrial ou indireto de açúcar, seja no interior de um país, seja no contexto internacional em que ele assume a característica de uma *commodity* industrializada é que passa a ser uma matéria-prima no contexto de uma cadeia produtiva, o que implica a competição com possíveis substitutos, a qual aumenta a pressão para seu barateamento. Não há dúvida de que isto contribuiu para que o preço do açúcar tenha apresentado tendência decrescente entre 1970 e 2003, conforme gráficos já comentados do analista MITCHELL (2004 e 2005).

Contudo, por se tratar de um bem agroindustrial que gera e mantém ocupações e empregos rurais/agrícolas e urbano/industriais, sua produção foi, como evidenciado na análise contida nos capítulos até aqui elaborados, submetida à regulações mundo afora, as quais, via de regra, implicaram em imposição de limites aos montantes produzidos (via sistemas de quotas etc); em defesas e sustentação de seus preços (seja das matérias-primas, seja dos seus derivados); em criação e manutenção de impostos de importação e de barreiras alfandegárias diversas. A propósito, o autor acima citado traz uma tabela na qual apresenta os montantes do suporte que a OCDE (6,351 milhões de US$), a União Europeia (2,713milhões), o EUA (1,302 milhão) e alguns outros países dispensaram aos produtores de açúcar em seus territórios no triênio 1999-2000-2001 (ver MITCHELL, 2004, p. 25). [83]

---

[83] BURNQUIST e BACHI (2002, p. 147) observaram que, no período de 1998 a 2000, a sustentação do preço do açúcar no mercado estadunidense "representou 50% do valor da produção no caso do açúcar, enquanto todas as outras culturas apresentaram um valor médio de 7%".

Capítulo IV

A EVOLUÇÃO APÓS 2003/4 E AS PERSPECTIVAS: O CONSUMO DIRETO DE AÇÚCAR DEIXARÁ DE EXISTIR?

Sinopse: O objetivo deste capítulo é a análise da evolução e das alterações ocorridas nos mercados mundiais de açúcar centrifugado (mercado livre mundial e mercados preferenciais) entre 2004 e 2020, destacando o fato de que o consumo do produto, tanto total como *per capita*, tem recuado nos países de renda alta e média e crescido significativamente em países pobres, especialmente os localizados na África e no Oriente, regiões onde também cresceram as produções, mas não a ponto de atender as demandas locais. Isso tem ocorrido concomitantemente à expansão do uso indireto do açúcar e à continuidade do processo de substituição por outros bens, embora isto em menor intensidade. Alia-se a tais processos as alterações ocorridas nas políticas açucareiras tanto da União Europeia como em países grandes produtores, como o Brasil e a Austrália, assim como o fato de que o uso de matérias-primas açucareiras têm sido parcialmente redirecionadas para a produção de etanol.

O que demarca o ano de 2003 como início desse capítulo, que dá continuidade à análise das relações entre o mercado mundial de açúcar e o caso brasileiro, é o advento de um fato exterior à ela nesse caso: trata-se do advento dos veículos que, entre nós, passaram a ser chamados de *flex fuel*, já que podem utilizar, seja isoladamente, seja com quaisquer misturas, gasolina e etanol (álcool hidratado), cabendo lembrar que a gasolina brasileira contém aproximadamente pouco mais de um quarto de álcool anidro. Nos dois capítulos anteriores foi mostrado o elo entre os mercados internos de açúcar e de álcool, anteriormente denominado carburante.

Mas a definição daquele ano como marco inicial do capítulo deve-se também a outro fato: na União Europeia foi feita uma reformulação parcial da PAC, seguida por uma ampla reforma em 2006, a qual também resultou da pressão decorrente do processo junto à OMC/Organização Mundial de Comércio que contestou, por iniciativa do Brasil e da Austrália em 2002, o regime açucareiro do grupo, ao qual se juntou a Tailândia em 2003. Por sua vez, as alterações na política açucareira estadunidense demoraram um pouco mais: em 2008 foi aprovada a "Lei de Alimentos, Preservação e Energia", no âmbito da qual foi criado o programa "Açúcar para Etanol", que determinou que os eventuais excessos na produção de açúcar passariam a ser requisitados pelo governo para sua conversão em etanol combustível, tal como foi feito no Brasil entre o início da década de 1930 e o final de 1940, conforme visto no capítulo primeiro.[84] É oportuno analisar essas e algumas outras importantes alterações ocorridas no mercado açucareiro mundial, o que será relacionado à apresentação de dados que darão continuidade cronológica aos expostos nos capítulos anteriores.[85]

IV.1 – A retração do consumo direto de açúcar nos mercados dos países ricos e/ou de rendas mais altas

As mudanças que impactaram os mercados mundiais de açúcar (tanto o mercado livre mundial como os mercados preferenciais) envolveram os casos dos países ou blocos principais do comércio externo do bem, assim como os casos de outros países que tinham ou que passaram a implementar políticas açucareiras locais. Contudo, em seguida serão priorizados os primeiros casos.

Na União Europeia, cabe destacar a reforma do seu regime açucareiro ocorrida em 2006.[86] Em grande medida tal reforma sofreu a influência das pressões internacionais para a liberalização do comércio interno do bloco. Contribuiu para isso, no tocante ao mercado açucareiro, o processo iniciado pelo Brasil e pela Austrália em 2002 (ao qual se adicionou a Tailândia em 2003), junto à OMC. A mencionada reforma alterou o sistema de preços e de quotas de produção, o que ocasionou uma redução de 6 milhões de toneladas na alocação total das quotas entre 2006 e 2010. Assim, parte significativa do processamento de beterraba açucareira foi direcionado para a produção de etanol, principalmente na França e na Alemanha.[87]

---

[84] Convém lembrar que, em março de 2007, o presidente George W. Bush visitou o Brasil e, em encontro com o presidente brasileiro (Lula) foi tratada a possível cooperação bilateral na área de biocombustíveis. Como se sabe, isso incluiu a intenção de transformar o etanol em *commodity*, o que até hoje não ocorreu.

[85] A parte a seguir, como será notado, serviu-se da leitura e de muitas observações retiradas da obra de SAMPAIO, 2014, no tocante ao período 2003-2014. Cabe recomendar consulta à ela para compreensão mais aprofundada das medidas e dos fatos aqui sintetizados.

[86] Deve ser observado que "Durante as diversas reformulações parciais da CAP, o açúcar sempre foi visto como um caso à parte, dotado de alta resistência à mudanças: 'Em cada uma das tentativas de reforma da Política Agrícola Comum da UE – incluindo-se a Reforma Mac Sharry de 1992, a Agenda 2000 e a Reforma da PAC de 2003 – o regime do açúcar escapou de todas'" (conforme texto e citação de SAMPAIO, 2014, p. 178).

[87] A área para produção de beterraba açucareira diminuiu na União Europeia de aproximadamente 3 milhões de hectares em 1994 para menos de 1,5 milhão em 2014, embora tenha se recuperado um pouco depois desse ano (ver gráfico em JAGGARD e ROSBROOK, 2021, p. 102). A área também recuou no EUA, mas não na mesma proporção: caiu de 1,42 em 1995 para 1,14 milhões de acres em 2015, conforme dados do USDA.

A partir de 2007 a União Europeia tornou-se importadora de açúcar por conta de dois processos: o primeiro deles foi a já comentada reforma do regime açucareiro local; o segundo foi a ampliação do bloco, com a "entrada" de países do Leste; especialmente de alguns que pertenciam ou tinham suas economias gravitando em torno da ex-U.R.S.S. Conforme SAMPAIO, 2014, p. 193:

> Em 2004 passaram a fazer parte da UE Polônia, República Tcheca, Eslováquia, Hungria, Eslovênia, Estônia, Letônia, Lituânia, Malta e Chipre; e em 2007 também a Bulgária e a Romênia. Desses 12 países, três faziam parte da extinta URSS (Estônia, Letônia, Lituânia), sete eram seus satélites (Polônia, República Tcheca, Eslováquia, Hungria, Eslovênia, Bulgária e Romênia) localizados 'para lá' da 'Cortina de Ferro' e apenas dois não eram alinhados a Moscou (Malta e Chipre). Os países alinhados aos soviéticos eram produtores de açúcar de beterraba e todos contavam com medidas de proteção e estímulo à atividade por meio de tarifas sobre a importação e subsídios complementares. Durante a década de 1980, a indústria beterrabeira era a que mais recebia apoio estatal entre todas as commodities agrícolas na Eslováquia, Lituânia e Letônia; era a segunda mais protegida na Polônia e a terceira na Hungria; todas suas fábricas pertenciam ao Estado.

Como mostra um gráfico do autor acima (p. 233), a maior parte do açúcar importado pela União Europeia continuou sendo proveniente dos países "ACP" (África/Caribe/Pacífico) e de países menos desenvolvidos (LDC), por conta de dois acordos: o primeiro deles, de 2000, denominado APE/Acordo de Parceria Econômica; o segundo, de 2001, chamado de "Tudo Menos Arma".

No caso do EUA a política açucareira continuou protecionista e baseada em três componentes: suporte de preços aos produtores; controle do mercado doméstico e quotas por classes tarifárias.[88] A quota reservada ao Brasil, em 2010, foi de 248.822 toneladas (15,8% do total de 1,57 milhão), atrás da concedida à República Dominicana. Entre 2013 e 2022 a quota original alocada para o Brasil foi de 152.691 toneladas métricas, sendo que a quota adicional se situou entre 16.107 e 52.464 no período, exceto no ano de 2020, quando ela atingiu 158.203 t. m. (conforme dados de USDA, 2023). Em 2013, conforme um gráfico apresentado por SAMPAIO, 2014, p. 356, o México (seja por conta do Nafta/Acordo de Livre Comércio da

---

[88] Ver os detalhes de cada componente em SAMPAIO, 2014, páginas 343/47.

América do Norte, seja por ser um país do "Gran-Caribe") liderou de longe as exportações para o EUA (com mais de 2 milhões de t); seguido dos países com quotas que totalizaram aproximadamente 550 mil t. (exceto a do Brasil).

O consumo de açúcar estadunidense era distribuído, em 2011, da seguinte forma (segundo SAMPAIO, 2014, p. 340): 49% proveniente do milho (HFCS, xarope de glucose, dextrose); 28% da beterraba (produzida principalmente em estados do norte do país); 22% de cana-de-açúcar (produzida na Flórida, Lousiana e Texas); 1% de outros adoçantes (mel, outros xaropes).

A Tabela IV.1 traz dados relativos aos principais países do mercado mundial de açúcar centrifugado em dois momentos, tendo como bases as médias dos triênios 2002-03-04 e 2019-20-21. Nela é perceptível a "entrada" de países africanos como grandes consumidores de açúcar centrifugado e como importadores significativos. Mas o destaque fica para os casos do Brasil e da União Europeia como grandes produtores no primeiro triênio e para o fato de que este grupo de países foi ultrapassado pela Índia como segundo maior produtor de açúcar centrifugado em 2019-21 e que também consolidou sua posição de principal mercado consumidor desse açúcar. A China tornou-se o país maior importador em 2020, posto que foi da Rússia em 2003. O caso do EUA revela a queda da produção de açúcar tanto de cana como de beterraba e o fato de que, devido a isso, o país mais do que duplicou sua importação. Grande elevação desse item ocorreu também no caso da Indonésia, outrora um país grande produtor e exportador sob a denominação de Java.[89]

A Austrália, a partir do início do Século XXI, liderou um processo de liberalização do comércio mundial de açúcar, para o que contou com o apoio do Brasil e de outros países. Em 2006 o mercado local foi totalmente liberalizado e, como observou SAMPAIO, 2014, p. 444:

> Em comum com o processo de reforma, reestruturação e fortalecimento da indústria açucareira europeia, também a australiana verificou, durante a década de 2000, o fechamento de diversas pequenas fábricas de açúcar, sobretudo as tecnologicamente mais defasadas ou cuja localização não lhes fossem vantajosa. Foi nesta conjuntura de defesa de uma maior abertura e liberalização do mercado internacional do açúcar e de reestruturação de seu parque fabril que o setor canavieiro australiano passou a valorizar a produção de etanol em sua cadeia produtiva.

---

[89] A Tabela IV.2 conterá dados sobre a evolução do mercado interno de muitos dos países que constam da Tabela IV.1.

TABELA IV.1 – OS PRINCIPAIS PAÍSES DO MERCADO MUNDIAL DE AÇÚCAR <u>CENTRIFUGADO</u> EM 2002-04 E EM 2019-2021 (números em milhões de toneladas; ordenação pelos maiores produtores de açúcar em 2002-04, sem parênteses os dez maiores de cada variável).

PAÍSES	OS 10 MAIORES PRODUTORES						Os 10 MAIORES CONSUMIDs.		OS 10 maiores exports. liqs.		Os10maiores imports. liqs.	
	Prod. Total		Pd. Aç. Cana		Pr. Aç. Beter.							
	2003	2020	2003	2020	2003	2020	2003	2020	2003	2020	2003	2020
1.Brasil	26,09	35,16	26,09	35,10	-x-	-x-	10,42	10,15	16,31	25,26	-x-	-x-
2.U. Europ.	21,06	14,60	(0,01)	1,90	21,05	12,70	17,96	16,11	2,31	-x-	-x-	(0,94)
3.Índia	16,88	30,65	16,88	31,56	-x-	-x-	19,34	25,60	-x-	5,59	(0,34)	-x-
4.China	11,46	10,74	10,53	9,62	(0,93)	(1,12)	11,82	15,33	-x-	-x-	0,99	5,44
5.EUA	7,55	7,41	3,40	3,36	4,15	4,05	8,76	10,45	-x-	-x-	1,43	3,06
6.Tailândia	6,79	9,59	6,79	7,62	-x-	9,59	(2,19)	(2,84)	4,41	6,84	-x-	-x-
7.México	5,62	5,84	5,62	5,72	-x-	-x-	5,51	4,05	-x-	1,85	(0,03)	-x-
8.Austrália	5,48	4,14	5,48	3,80	-x-	-x-	(1,17)	(1,05)	3,92	3,21	-x-	-x-
9.França	4,66	(UE)	-x-	-x-	4,66	EU	(2,51)	EU	2,00	EU	-x-	EU
10.Alemanha	4,41	(UE)	-x-	-x-	4,41	EU	3,30	EU	0,88	EU	-x-	EU
11.Paquistão	(3,90)	5,30	3,90	5,25	-x-	(0,05)	3,99	5,31	-x-	(0,06)	(0,06)	-x-
12.Colômbia	(2,68)	(2,17)	2,68	2,17	-x-	-x-	(1,55)	(1,73)	1,15	(0,43)	-x-	-x-
13.Áfr.doSul	(2,42)	(2,06)	2,42	2,06	-x-	-x-	(1,60)	(1,67)	0,83	(0,50)	-x-	-x-
14.Polônia	(2,15)	(UE)	-x-	-x-	2,15	EU	(1,75)	EU	(0,42)	EU	-x-	EU
15.Turquia	(2,13)	(2,70)	-x-	-x-	2,13	2,70	(1,93)	(2,62)	(0,08)	-x-	-x-	(0,03)
16.Rússia e Fed. Russa	(2,09)	6,27	-x-	(0,37)	2,09	5,90	6,49	5,84	-x-	0,57	4,25	(0,20)
17.Cuba	(2,02)	(1,07)	(2,02)	(1,07)	-x-	-x-	(0,68)	(0,53)	1,36	0,53	-x-	-x-
18.Indonésia	(1,97)	(2,24)	(1,97)	2,24	-x-	-x-	3,86	7,03	-x-	-x-	1,95	5,01
19Guatemala	(1,96)	(2,76)	(1,96)	2,76	-x-	-x-	(0,58)	(0,95)	1,28	1,72	-x-	-x-

PAÍSES	OS 10 MAIORES PRODUTORES						Os 10 MAIORES CONSUMIDs.		OS 10 maiores exports. liqs.		Os10maiores imports. liqs.	
	Prod. Total		Pd. Aç. Cana		Pr. Aç. Beter.							
	2003	2020	2003	2020	2003	2020	2003	2020	2003	2020	2003	2020
20.Ucrânia	(1,73)	(1,36)	-x-	-x-	1,73	1,36	(2,20)	(1,40)	-x-	(0,05)	(0,53)	-x-
21.Egito	(1,59)	(2,49)	(1,16)	(0,81)	(0,43)	1,68	(2,60)	3,16	-x-	-x-	0,99	(0,76)
22.R. Unido	(1,52)	(0,94)	-x-	-x-	1,52	0,94	(2,41)	(1,59)	-x-	-x-	(0,90)	(0,65)
23.Itália	(1,26)	EU	-x-	EU	1,26	EU	(1,79)	EU	-x-	EU	(0,60)	EU
24.Irã	(1,24)	(1,38)	(0,47)	(0,68)	(0,77)	0,70	(2,02)	(2,43)	-x-	-x-	(0,73)	1,25
25.Espanha	(1,16)	(UE)	(0,01)	EU	1,15	EU	(1,36)	EU	-x-	EU	(0,37)	EU
26.Japão	(0,96)	(0,74)	(0,15)	(0,12)	(0,81)	(0,62)	(2,42)	(1,99)	-x-	-x-	1,48	1,28
27.ESWA-TINI (*)	(0,60)	(0,66)	(0,60)	(0,66)	-x-	-x-	(0,02)	(0,05)	(0,58)	0,70	-x-	-x-
28.El Salvador	(0,53)	(0,81)	(0,53)	(0,81)	-x-	-x-	(0,23)	(0,27)	(0,28)	0,60	-x-	-x-
29.Nicarágua	(0,42)	(0,69)	(0,42)	(0,69)	-x-	-x-	(0,20)	(0,27)	(0,22)	(0,45)	-x-	-x-
30.Bangla-desh	(0,15)	(0,07)	(0,15)	(0,07)	-x-	-x-	(0,98)	(2,34)	-x-	-x-	(0,86)	2,33
31.Canadá	(0,09)	(0,10)	-x-	-x-0	(0,09)	(0,10)	(1,42)	(1,35)	-x-	-x-	1,30	1,28
32.Malásia	(0,08)	n. p.	(0,08)	n. p.	-x-	n. p.	(1,19)	(1,83)	-x-	-x-	1,07	1,85
33.Nigéria	(0,01)	(0,02)	(0,01)	(0,02)	-x-	-x-	(1,29)	(1,49)	-x-	-x-	1,23	1,57
34.Argélia	n. p.	n. p.	n. p.	n. p.	n. p.	n. p.	(1,17)	(1,77)	-x-	-x-	1,10	1,91
35.R.Coréia	n. p.	n. p.	n. p.	n. p.	n. p.	n. p.	(1,18)	(1,58)	-x-	-x-	1,26	1,69

Fontes: F.O.LICHT, 2006, várias páginas; I.S.O., 2022, várias páginas.

Notas:(*) Eswatini é o nome atual de Suazilândia.

Em 2002-03-04 os números referem-se à Rússia e os de 2019-20-21 à Federação Russa.

Em 2019-20-21, no caso dos países que produzem tanto açúcar de cana como de beterraba, as respectivas produções forma estimadas.

No segundo triênio, os dados do Reino Unido referem-se apenas ao ano de 2021.

Como mostram os dados, a Austrália foi ultrapassada pela Federação Russa e pelo Paquistão como grandes produtores. A África do Sul deixou de se situar entre os maiores produtores e exportadores e Cuba passou a figurar na décima posição como país exportador. O detalhamento dos dados da segunda fonte da mencionada tabela revela que a produção da Tailândia caiu para a metade entre 2019 e 2021. Cabe registrar que a produção indiana, que foi de 20,722 milhões de toneladas (valor bruto) na média do triênio das safras 2000/01-2001/02-2002/03, caiu para a média de 14,388 milhões de t. na média das safras 2003/04-2004/05, o que obrigou o governo a importar 1.569 mil t na média dessas duas safras (na média das três safras anteriores o país tinha importado apenas 31,2 mil t). Sabe-se que a produção da Índia é, entre os países grandes produtores de açúcar, a mais suscetível a problemas climáticos. No Paquistão, a produção de açúcar de beterraba alcançou apenas 0,65% do total de 3,90 milhões de toneladas no triênio 2002/03/04.[90]

---

[90] Um gráfico de SAMPAIO, 2014, p. 448, mostra que, em 2013, o principal destino das exportações da Austrália foram os "mercados asiáticos" (Ásia Oriental, Sudeste Asiático, Oriente Médio e subcontinente Indiano), seguido do mercado doméstico, complementados pelas (pequenas) exportações para a Nova Zelândia e América do Norte. A publicação do USDA (2022) traz um gráfico que mostra que a exportação australiana totalizada para Indonésia, Japão, Coréia do Sul e outros países caiu entre 2018 e 2021. Como se verá s seguir, o Brasil elevou suas exportações para alguns países asiáticos e orientais, provavelmente substituindo as vendas da Austrália.

TABELA IV.2 – MERCADO INTERNO DE AÇÚCAR <u>CENTRIFUGADO</u> DE 51 PAÍSES – QUINQUÊNIOS 2000-04 E 2017-21 (em mil t. m., ordenação pelos maiores consumos totais (C) em 2000-04; C.P.C.=consumo *per capita*)

PAÍSES	SITTUAÇÃO EM 2000-04				SITUAÇÃO EM 2017-21			
	Prod. (P)	Cons.(C)	C.P.C.	C/P	Prod. (P)	Cons. (C)	C.P.C.	C/P
1.Índia	18.179	18.827	17,86	1,04	29.537	25.341	18,56	0,86
2.UN. EUROPEIA (*)	20.740	17.811	39,13	0,86	16.040	16.892	33,80	1,05
3.China	10.077	10.813	8,38	1,07	10.450	15.438	10,80	1,48
4.BRASIL	23.127	10.027	55,50	0,43	34.573	10.369	49,20	0,30
5.EUA	7.558	8.898	30,97	1,18	7.514	10.348	31,26	1,38
6.Rússia–Fed. Russa (*)	1.936	6.563	45,41	3,39	6.316	5.828	40,02	0,92
7.México	5.455	5.250	50,32	0,96	5.900	4.175	32,82	0,71
8.Paquistão	3.688	3.839	25,28	1,04	5.746	5.251	24,12	0,91
9.Indonésia	1.895	3.783	16,08	2,00	2.202	6.948	25,72	3,16
10.Alemanha	4.415	3.263	39,45	0,74	Dados contidos nos da União Europeia			
11.Egito	1.584	2.478	33,58	1,56	2.405	3.278	32,62	1,36
12.França	4.511	2.439	40,56	0,54	Dados contidos nos da União Europeia			
13.Japão	915	2.433	19,17	2,66	743	2.038	16,10	2,74
14.Reino Unido	1.465	2.421	40,32	1,65	941(2021)	1.590(2021)	23,20(21)	1,69
15.Ucrânia	1.738	2.198	45,72	1,26	1.581	1.406	31,98	0,89
16.Tailândia	6.462	2.098	32,88	0,32	10.956	2.865	41,00	0,26
17.Filipinas	2.146	2.066	24,24	0,96	2.201	2.050	19,00	0,93
18.Irã	1.110	1.991	29,45	1,79	1.540	2.450	29,42	1,59

O BRASIL NO MERCADO MUNDIAL DE AÇÚCAR ENTRE 1960 E 2020

PAÍSES	SITUAÇÃO EM 2000-04				SITUAÇÃO EM 2017-21			
	Prod. (P)	Cons.(C)	C.P.C.	C/P	Prod. (P)	Cons. (C)	C.P.C.	C/P
19.Itália	1.370	1.794	30,97	1,31	Dados contidos nos da União Europeia			
20.Polônia	2.061	1.736	44,94	0,84	Idem			
21.África do Sul	2.475	1.616	37,22	0,65	2.011	1.738	29,80	0,86
22.Argentina	1.741	1.555	40,37	0,89	1.653	1.377	30,82	0,83
23.Colômbia	2.562	1.507	36,13	0,59	2.218	1.711	34,12	0,77
24.Espanha	1.141	1.355	33,71	1,19	Dados contidos nos da União Europeia			
25.Canadá	95	1.351	41,93	14,22	112	1.308	34,92	11,68
26.Nigéria	24(3safs.)	1.181	8,99	49,21	22	1.396	6,90	63,45
27.Vietnã	1.120	1.130	13,81	1,01	1.079	1.798	18,64	1,67
28.Malásia	90	1.124	48,63	12,49	Não prod.	1.823	56,80	-x-
29.Austrália	5.120	1.119	56,70	0,22	4.305	1.011	39,96	0,23
30.Marrocos	542	1.109	34,98	2,05	515	1.191	32,80	2,31
31.Argélia	Não p.	1.067	32,74	-x-	N. prod.	1.715	39,92	-x-
32.Perú	803	929	33,03	1,16	1.111	1.357	41,72	1,22
33.Venezuela	618	842	34,17	1,36	226	624	21,74	2,76
34.Holanda	1.119	722	44,62	0,65	Dados contidos nos da União Europeia			
35.RTcheca+Eslováq.(*)	743	703	44,12	0,94	Dados contidos nos da União Europeia			
36.Chile	469	694	44,33	1,48	191	747	39,42	3,91
37.Síria	115	693	39,45	6,03	74	559	31,36	7,55

PAÍSES	SITTUAÇÃO EM 2000-04				SITUAÇÃO EM 2017-21			
	Prod. (P)	Cons.(C)	C.P.C.	C/P	Prod. (P)	Cons. (C)	C.P.C.	C/P
38.Cuba	2.674	682	60,54	0,26	1.178	526	46,44	0,45
39.Quênia	489	679	21,29	1,39	522	1.045	20,04	2,00
40.Belgica	1.048 (B)	603(B)	56,06(B)	0,58	Dados contidos nos da União Europeia			
41.Taiwan	151	595	26,30	3,94	29	625	26,28	21,55
42.Sudão	797	580	15,21	0,73	483	1.642	38,52	3,40
43.Guatemala	1.883	549	39,68	0,29	2.740	905	52,14	0,33
44.Israel	Não prod	479	78,41	-x-	Não prod.	536	62,80	-x-
45.Equador	501	452	33,40	0,90	531	530	30,76	1,00
46.Suíça	219	403	54,63	1,84	233	319	37,12	1,37
47.Rep. Dominicana	510	339	38,76	0,66	583	382	35,84	0,66
48.Dinamarca	542	265	49,23	0,49	Dados contidos nos da União Europeia			
49.El Salvador	524	234	36,22	0,45	786	275	42,96	0,35
50.Fiji	330	52	59,91	0,16	164	28	30,94	0,17
51.Maurício	603	43,1	35,60	0,07	304	33	25,58	0,11
TOTAIS MUNDIAIS	140.751	138.952	22,21	0,99	171.051	169.859	22,04	0,99

Fontes: F.O. LICHT, 2006, várias páginas; I. S. O., 2022, várias páginas.

(*) Embora os dados da Rússia (2000-04) e da Federação Russa (2017-21) não sejam comparáveis, a opção foi colocá-los na mesma linha; em 2002-04 foram somados os dados da República Tcheca com os da Eslováquia; os dados da União Europeia estão de acordo com a sua composição nos respectivos quinquênios.

PEDRO RAMOS

O que cabe destacar dos dados da Tabela IV.2 são os casos mais importantes quanto às evoluções entre os quinquênios. Em primeiro lugar, a produção de açúcar centrifugado da Índia cresceu 62,5%, enquanto o consumo cresceu 34,6%; na Indonésia, o crescimento do consumo foi de 83,7% e o da produção de apenas 16,2%; na China, a produção pouco foi acrescida, mas o consumo total cresceu 42,8%; a expansão da produção da Tailândia foi de 69,5%, a maior entre os países que figuram na tabela, enquanto o consumo cresceu 36,6%, cabendo observar que este país também iniciou, no período em análise, a produção de etanol; no Paquistão, os crescimentos foram de 55,8% na produção e de 36,8% no consumo total. Mas o maior crescimento desse consumo ocorreu no caso do Sudão (183%); no Quênia e na Guatemala foram de 53,9% e de 64,8%; de 59,1% no Vietnã e de 46,1% no Peru e de 62,2% na Malásia. Cabe observar que não puderam ser calculadas as variações dos dados dos países pertencentes à União Europeia porque a segunda fonte traz somente os dados agregados.

Foi mencionado que a União Europeia redirecionou parte de sua produção de beterraba açucareira para a produção de etanol. Cumpre acrescentar que o uso local deste bem como combustível veicular também passou a ser objeto de quotas de comércio "com tarifa zero para as importações provenientes de países de menor desenvolvimento" e que o bloco passou a exigir "desde 2011, certificação ambiental, social e trabalhista para açúcar e álcool" (trechos retirados de BARROS, SCHUTTE e SANNÁ PINTO, 2012, p. 55). Como se sabe, tal barreira dificulta ou impede a colocação desses dois bens brasileiros no mercado do bloco e tem sido a principal dificuldade nas atuais negociações para o aprofundamento das relações de comércio entre o Mercosul e a União Europeia.

Entre os grandes produtores do século XX ocorreram quedas das quantidades produzidas: na África do Sul, Austrália, Cuba, Fiji e Maurício e em todos eles os consumos totais também caíram. No Brasil, a produção foi expandida em 49,5% e o consumo total ficou quase no mesmo nível, mas o consumo *per capita* caiu. Em El Salvador, a produção cresceu 50%. A Dinamarca, que outrora fora grande produtor, apresentou, no quinquênio 2000-04, um dos menores consumos totais, o que se devia à sua população não significativamente alta já que o seu consumo *per capita* continuou sendo relativamente alto. No quinquênio 2017-2021, seus dados foram incorporados ao da União Europeia.

Em 2017-21 os dez países que apresentaram maiores consumos *per capita* foram, por ordem decrescente: Israel; Malásia; Guatemala; Brasil; Cuba; El Salvador; Peru; Tailândia; Federação Russa e Austrália. Os maiores crescimentos desse consumo entre os dois quinquênios ocorreram nos casos dos seguintes países: Sudão (com impressionantes 153,3%); Indonésia (60%); Vietnã (35%); Guatemala (31,4%); China (28,9%); Peru (26,3%); Tailândia (24,7%); Argélia (21,9%); El Salvador (18,6%); Malásia (16,8%).

TABELA IV.3 – EVOLUÇÕES DA PRODUÇÃO E DO CONSUMO DE AÇÚCAR NA UE E NOS CONTINENTES ENTRE OS TRIÊNIOS DE 2002/3-03/4-04/5 E DE 2018/9-19/20-20/1 (números em mil toneladas e em açúcar bruto)

U. EUROPEIA e CONTINENTES	Dados de 2002/3-03/4-04/5				DADOS DE 2018/9-19/20-20/1				Cresc. %	
	PROD.	CONS.	% P.	%C.	PROD.	CONS.	%P.	%C.	PRD.	CON.
-União Europeia	21.048,0	17.958,7	14,36	12,60	16.291,0	16.366,0	8,94	8,95	-22,6	-8,9
Europa	28.151,7	31.463,0	19,20	22,07	30.259,3	30.508,7	16,61	16,69	+7,5	-3.0
Américas do Norte e Central	20.084,0	18.735,3	13,70	13,14	21.915,3	21.034,7	12,03	11,51	+9,1	+12,3
América do Sul	34.704,3	17.052,0	23,67	11,96	43.207,7	18.981,3	23,72	10,38	+24,5	+11,3
África	10.030,7	13.551,3	6,84	9,51	12.146,3	23.084,7	6,67	12,63	+21,1	+70,4
Ásia	47.712,0	60.237,2	32,55	42,25	69.959,7	87.561,0	38,39	47,91	+46,6	+45,4
Oceania	5.916,0	1.519,3	3,54	1,07	4.703,3	1.616,7	2,58	0,88	-20,5	+6,4
TOTAIS	146.598,7	142.558,3	100,0	100,0	182.191,6	182.787,1	100,0	100.0	+24,3	+28,2

Fontes: F.O.LICHT, 2006, págs. A8 e A11; FO.LICHT, 2021, págs. 6 e 10.

Conforme os dados da Tabela IV.3, constata-se que o continente que apresentou o maior crescimento da produção foi a Ásia e o que apresentou maior crescimento do consumo foi a África. Os crescimentos tanto da produção como do consumo na Ásia devem-se aos grandes mercados internos da China e da Índia. Na América do Sul, o destaque é para a participação do mercado interno do Brasil, mas principalmente para sua liderança na produção nos dois quinquênios[91]. A aproximação entre a produção e o consumo no total das Américas do Norte e Central devem-se à (pequena) queda da produção estadunidense (acompanhada que foi pela elevação do consumo total) e à diminuição da participação cubana na região, que foi superada pela expansão do mercado da Guatemala.

O comportamento do mercado mundial de açúcar na década 2011-2020 foi considerado de maneira diferente da aqui utilizada Por F.O.LICHT, 2021. Os dados da Tabela IV.4 reproduzem os apresentados nessa publicação e eles não deixam dúvidas quanto ao processo em curso: enquanto a importação e consumo dos países denominados "industrializados" recuaram, suas exportações cresceram quase 18%. No caso dos países denominados "em desenvolvimento" ocorreu crescimento de 16,2% da importação, porcentual bem acima do crescimento da exportação (7%), cabendo a observação de que este último grupo se refere a um número bem maior de países.

TABELA IV.4 - EVOLUÇÃO DO MERCADO MUNDIAL DE AÇÚCAR ENTRE 2011 E 2020, CONSIDERADA EM DOIS GRANDES GRUPOS DE PAÍSES (*) (NÚMEROS EM MIL TONELADAS DE AÇÚCAR BRUTO)

Variáveis	TRIÊNIO 2011/12-12/3-13/14		TRIÊNIO 2018/19-19/20-20/21		VARIA-ÇÕES %	
	Países em Des.	Países Industs.	Países em Des.	Países Industs..	PD	PI
Estoque inicial	49.197,3	15.988,0	58.171,7	18.873,0	18,2	18,0
Produção	138.196,7	41.816,7	138.958,3	43.232,7	0,6	3,4
Importação	44.115,0	18.858,0	51.270,0	16.631,0	16,2	-11,8

---

[91] Um trabalho publicado em 2013 pelo Ministério da Agricultura, Pecuária e Abastecimento (MAPA, 2013) traz uma projeção do agronegócio brasileiro para o ano-safa de 2022/23. Quanto ao do açúcar foi estimado uma produção de 42,759 milhões de toneladas e um consumo interno de 13,254milhões na média do triênio 2019/20-20/21-21/22. Quando comparados com os dados apresentados na Tabela IV.2 (média do quinquênio 2017-21, cuja fonte é a Organização Internacional do Açúcar), constata-se que ambas as estimativas foram superestimadas. A estimativa de exportação para o mesmo triênio foi de 37,087 milhões de toneladas, número também bem acima do que o Brasil exportou, conforme o dado (25,26 milhões, anos 2019-20-21) que aparece na Tabela IV.1(mesma fonte).

Variáveis	TRIÊNIO 2011/12-12/3-13/14		TRIÊNIO 2018/19-19/20-20/21		VARIA-ÇÕES %	
	Países em Des.	Países Industs.	Países em Des.	Países Industs..	PD	PI
Consumo	124.918,7	46.988,3	137.068,3	45.718,0	9,7	-2,7
Exportação	51.627,3	12.287,0	55.227,0	14.490,0	7,0	17,9
Estoque final	54.962,7	17.387,0	56.104,7	18.528,7	2,1	6,6

Fonte: F.O.LICHT, 2021, p. 8 (sobre a diferença entre os dados da I.S.O. e os de F.O.Licht, ver a nota 107).

(*) PD= Países em desenvolvimento (grupo composto por 152 países incluindo o Brasil, conforme o FMI); PI= 24 Países industrializados: Canadá, Japão, Turquia, Austrália, Nova Zelândia, EUA e 18 países europeus (Alemanha, França, Itália, Reino Unido, Espanha, Áustria, Bélgica, Dinamarca, Finlândia, Grécia, Islândia, Irlanda, Luxemburgo, Holanda, Noruega, Portugal, Suécia, Suíça).

O que os dados das tabelas apresentadas neste capítulo e nos anteriores revelam é que a evolução do mercado mundial de açúcar/adoçantes vem passando, desde tempos coloniais, por algumas importantes mudanças e/ou transformações: do lado da produção/oferta, de açúcar não-centrifugado para açúcar centrifugado (vale dizer, de açúcar menos para mais processado); do lado do consumo/demanda, de açucares escuros para brancos. No comércio mundial, o movimento tem sido de maior circulação de açúcar bruto e menor de branco. Ou seja, conforme sejam ampliados os processos ou as cadeias de produção dos diferentes países, importa-se menos produto final e, conforme cresce a renda média interna da população, o consumo local torna-se mais "refinado". Mas ainda é significativo no mundo o consumo, em países com alta proporção de pobres na população e com produção menos industrializada, o mercado dos açúcares "menos nobres". As duas mais recentes alterações são a da substituição (mesmo que parcial) de açúcar de cana e de beterraba por sucedâneos artificiais e/ou sintéticos; finalmente, destaca-se que o açúcar vem deixando de ser um bem final de consumo para ser um insumo de produção em cadeias agroalimentares (o que já foi destacado e ao que se voltará a seguir).

IV.2 – O atual mercado do açúcar brasileiro

A Tabela IV.5 traz dados sobre os principais países importadores de açúcar do Brasil nos triênios de 2003-04-05 e de 2019-20-21. Eles revelam que: a) as importações de açúcar brasileiro pela União Europeia cresceram

133%, por conta das alterações na institucionalidade e da ampliação (via novos componentes) do mercado açucareiro do grupo. Contudo, deve ser observado que o aumento se deveu principalmente à maior importação de açúcar bruto (*raw sugar*); b) no caso do EUA, o aumento foi menor (103%), mas ele foi muito maior no caso de açúcar mais processado (*white sugar*); c) é impressionante o crescimento da importação da China entre os triênios, mas concentrada no açúcar bruto; d) em ambos os triênios as importações de açúcar branco por países africanos (com exceção de Angola, Senegal e Togo), caíram significativamente. No caso dos países asiáticos (Bangladesch, Malásia e Indonésia) e do Oriente (Iraque, Yemen e Irã) impressiona os crescimentos significativos da importação de açúcar bruto, o que ocorreu também nos casos de Marrocos e Geórgia. A Síria extinguiu sua importação de açúcar branco e a Romênia a dos dois tipos de açúcar, o que quase também fez o Paquistão.

TABELA IV.5 – PAÍSES MAIORES IMPORTADORES DE AÇÚCAR DO BRASIL EM 2003-04-05 E EM 2019-20-21 (números em mil toneladas e ordenação pelas maiores importações totais em cada triênio) (*)

SITUAÇÃO EM 2003-04-05				SITUAÇÃO EM 2019-20-21			
PAÍSES	Raw sugar	White Sug.	TOTAL	PAÍSES	Raw sugar	White Sug.	TOTAL
1.Rússia	3.838,3	47,5	3.885,8	1.China	3.435,2	27,6	3.462,8
2.Nigéria	562,0	597,6	1.159,6	2.Argélia	2.346,3	0,2	2.346,5
3.E.Árabes Un.	909,0	245,3	1.154,3	3.Bangladesh	1.924,8	0,0	1.924,8
4.Egito	534,7	257,4	792,1	4.Nigéria	1.667,5	2,7	1.670,2
5.Índia	723,4	7,7	731,1	5.Aráb. Saudita	1.381,4	11,9	1.393,3
6.Canadá	721,4	2,4	723,8	6.Marrocos	1.148,2	0,1	1.148,3
7.Marrocos	453,8	265,0	718,8	7.Malásia	1.016,8	0,0	1.016,8
8.Argélia	543,7	114,9	658,6	8.Iraque	988,9	0,3	989,2
9.Aráb. Saudita	362,3	229,8	592,1	9.Índia	974,8	0,2	975,0
10.Gana	0,0	402,1	402,1	10.Indonésia	951,9	0,0	951,9
11.Bangladesh	0,0	382,3	382,3	11.Canadá	903,9	17,1	921,0
12.Yemen	0,0	341,8	341,8	12.E. Árabes U.	879,4	5,7	885,1
13.Síria	34,5	289,7	324,2	13.Egito	845,3	0,0	845,3
14.Romênia	264,4	10,5	274,9	14.Yemen	296,6	245,7	542,3
15.Georgia	24,1	233,0	257,1	15.Un. Europ.	475,6	48,8	524,4
16.Malásia	236,4	00	236,4	16.Irã	521,2	0,0	521,2
17.EUA	203,8	22,2	226,0	17.EUA	323,7	135,8	459,5
18.Un. Europ.	187,5	37,6	225,1	18.Venezuela	122,0	185,6	307,6

SITUAÇÃO EM 2003-04-05				SITUAÇÃO EM 2019-20-21			
PAÍSES	*Raw sugar*	*White Sug.*	TOTAL	PAÍSES	*Raw sugar*	*White Sug.*	TOTAL
19.Paquistão	137,1	77,3	214,4	**19.Fed. Russa**	283,8	2,1	285,9
20.Angola	11,8	194,4	206,2	**20.Georgia**	256,4	11,5	267,9
21.Tunísia	121,5	83,8	205,3	**21.Angola**	31,6	231,2	262,8
22.Somália	0,0	183,8	183,8	**22.Gana**	15,9	240,5	256,4
23.Irã	172,0	5,7	177,7	**23.Tunísia**	219,4	5,3	224,7
24.Iraque	0,0	137,4	137,4	**24.Togo**	22,2	201,4	223,6
25.Indonésia	65,2	11,0	76,2	**25.Somália**	105,6	60,5	166,1
TOTAL DOS 25	**10.106,9**	**4.180,2**	**14.287,1**	TOTAL DOS 25	**21.138,4**	**1.434,2**	**22.572,6**
% dos 25	**97,32**	**80,03**	**91,53**	% dos 25	**95,14**	**47,14**	**89,36**
26.Venezuela	0,2	39,9	40,1	**26.Senegal**	4,4	131,7	136,1
27.Togo	0,0	12,7	12,7	**27.Síria**	53,7	0,0	53,7
28.Senegal	0,0	8,6	8,6	**28.Paquistão**	0,4	9,9	10,3
29.China	0,0	1,0	1,0	**29.Romênia**	0,0	0,0	0,0
TOTAL GERAL	**10.385,2**	**5.223,3**	**15.608,5**	TOTAL GERAL	**22.217,2**	**3.042,7**	**25.259,9**

Fontes: F.O.LICHT, 2006 e 2008, várias págs.; I.S.O., 2022, várias págs..

(*) Foram adequadas as duas listas de países depois do vigésimo quinto lugar para evidenciar as respectivas evoluções, o que implica que os quatro últimos podem não ser os que deveriam ocupar tais posições.

Assim, nossas exportações de açúcar mais processado diminuíram significativamente no período, embora nossas exportações totais, para os 25 países maiores importadores, tenham sido elevadas em 58% e a do total geral tenha crescido 61,8%, o que significa que houve uma pequena desconcentração. Conclui-se que a formação da Federação Russa contribuiu sobremaneira para a diminuição de nossas exportações para a Rússia, já que as quantidades exportadas nos anos do segundo triênio foram bem menores do que as dos anos do primeiro triênio, fato que indica que a queda não se deveu a aspectos ou eventos localizados (quebras de safras por problemas climáticos etc), mas sim à formação do grupo.[92]

Conforme SAMPAIO, 2014, págs. 145-157, a elevação de nossas exportações de açúcar para o "mundo árabe" (Norte da África e Oriente Médio) ocorreu devido à reforma do regime açucareiro da União Europeia e porque passamos a substituir o açúcar que era fornecido pela Índia, África do Sul e Tailândia. O fato de que tais exportações se concentram no açúcar bruto deveu-se à construção, naquele "mundo", de "gigantescas refinarias de açúcar" principalmente depois de 2000.

Os dados e as observações feitas sobre o caso do Brasil devem ser tomados como sinalizadores de que o Brasil necessita buscar novos compradores importantes no mercado externo de açúcar e, de preferência, importadores de açúcar mais processado, vale dizer, branco. Mas o fato inquestionável é que nossas exportações de açúcar dependem, atualmente, do crescimento do consumo de açúcar na África e em alguns países da Ásia. Isto tem sido assim porque, como demonstrou CARVALHO, 2004: a) os países de maior crescimento no consumo de açúcar são os que apresentam baixas rendas *per capita;* b) o crescimento da população influencia mais a expansão do consumo de açúcar do que a elevação da renda; c) o crescimento do consumo de açúcar não acompanha o crescimento da renda.

Assim, nossas exportações de açúcar e as (possíveis) vendas externas de etanol dependem de avanços tecnológicos que permitam a obtenção de ganhos de eficiência produtiva, redução de custos e diversificação de produtos.[93]

---

[92] Convém registrar que não há diferença entre os dados da exportação brasileira de açúcar na média de 2019-20-21 quando se compara os dados da publicação I.S.O com os que aparecem na Tabela IV.6, a seguir apresentada, os quais totalizam 25,26 milhões de t. Mas os totais divulgados pelo Mapa são diferentes (25,36).

[93] Foi para essa última observação que uma matéria publicada em 2016 na conceituada revista *Conjuntura Econômica* chamou a atenção ao versar sobre "o futuro do setor sucroenergético", referenciando-se em manifestações de diversos especialistas ou conhecedores da história e da contemporaneidade da agroindústria canavieira do Brasil (ver SANTOS, 2016). Convém lembrar que SZMRECSÁNYI concluiu seu texto de 1989 com a mesma observação.

O advento dos veículos *flex fuel*, que voltou a permitir o uso isolado de álcool hidratado veicular no país, reforçou a relação entre o mercado de açúcar e o de álcool. Disso resultou que a imprensa local costuma referir-se a safras "mais açucareiras" ou "mais alcooleiras". De fato, isso é constatável quando se tem em conta a destinação do caldo da cana seja para a produção de açúcar, seja para a de álcool. Se no início da década de 1970 (média do triênio das safras 1971/2-72/3-73/4), antes, portanto da criação do Proálcool, o ATR (Açúcar Total Recuperável) destinado à produção de açúcar atingiu 84,7% do total extraído; no triênio 1989/90-90/91-91/92, quando aquele programa foi extinto, o porcentual havia caído para 28%; em 2003/4-04/05-05/06, o porcentual subiu para 50,3% e na safra 2015/6 (última para a qual se tem os dados), situou-se em 40,4% (dados em Mapa, 2007, págs. 14/5 e em Conab, 2017, p. 17). Mas a produção de hidratado apresentou o seguinte comportamento: foi de 10,477 milhões de metros cúbicos (ou 10,477 bilhões de litros) no triênio 1989/90-90/91-91/92; caiu para 7,017 em 2003/4-04/05-05/06 e subiu para 19,253 na safra 2015/6.

O comportamento dos produtores brasileiros quanto ao aproveitamento da mencionada relação foi objeto de crítica, há alguns anos, por parte do presidente Lula: "Quando o álcool está com bom preço, vocês são empresários energéticos, e quando o açúcar fica com bons preços, viram empresários da agricultura".[94] O reparo que cabe nesta fala é que, como demonstrado ao longo deste trabalho, o açúcar não é um produto agrícola e sim industrial, tal como o álcool (não obstante o fato de que, no contexto mundial, o açúcar seja classificado como *commodity* agrícola).

Essa crítica decorreu e guarda vínculo com as recorrentes ameaças quanto ao regular e suficiente abastecimento de etanol veicular. Ilustra esse comentário o fato de que o porcentual de mistura de anidro à gasolina tem sido submetido a intervalos de variação que foram alterados desde o início da década de 1990.[95] Em recente matéria veiculada por um *site* especializado em informações sobre esses dois mercados, foi noticiado que "uma entidade

---

[94] Crítica feita em 22 de janeiro de 2010 e retirada de https://g1.globo.com. "Lula critica usineiros por alta do etanol". Acesso em 02 de outubro de 2023.

[95] Os porcentuais fixados de mistura foram os seguintes: em 1993, 22%; em 1997, entre 18 e 27,5%; em 2001, entre 20 e 25%; ao que se seguiu o "piso de 18% e o máximo de 25%" [...] O novo percentual de mistura vale a partir de hoje", conforme pequena matéria (não assinada) publicada no jornal *Folha de S. Paulo*, edição de 29 de abril de 2011. Atualmente a mistura encontra-se em 27,5% e ela variou de 11% em 1990 para 28% em 2002 (conforme dados de BACCARIN, 2005, p. 189).

representativa das principais unidades produtoras no país" defendeu que o percentual de anidro na gasolina seja elevado para 30%, mas é observado nela que "Especialistas estimam, no entanto, que o sucesso da proposta a longo prazo depende da oscilação internacional dos valores do açúcar".[96] Deve ser acrescentado a isso o fato de que a indústria automobilística tem resistido à tal elevação.

O mercado de hidratado tem sofrido variações que decorrem dos preços que são negociados pelos agentes que atuam ao longo da cadeia de abastecimento, não faltando, como a imprensa também costuma divulgar, troca de acusações quanto à responsabilidade pelas altas quando elas ocorrem. Já o abastecimento de açúcar no mercado interno foi resguardado quando da liberação das exportações em 1988/9.[97]

Para a significativa elevação da produção e, consequentemente, exportação de açúcar pelo Brasil muito contribuiu o ocorrido com nossa agroindústria canavieira após o início da década de 1990. Ilustram tal afirmação os seguintes dados quanto à distribuição do número de fábricas entre 1990 e 2015:

- Em 1990/91: Total: 394; usinas c/destilaria: 168; destilarias: 196; usinas sem destilaria: 30;

- Em 2001/02: Total: 306; usinas c/destilaria.: 187; destilarias: 101; usinas sem destilaria: 18;

- Em 2007/08: Total: 343; usinas c/destilaria: 225; destilarias: 104; usinas sem destilaria: 14;

- Em 2015/16: Total: 367; usinas c/destilaria: 258; destilarias: 123; usinas sem destilaria: 12.[98]

---

[96] Conforme www.novacana.com/notícias /aumento/-etanol-gasolina-depende-preco-internacional-acucar--especialistas-080523. Acesso em 16/05/2023.

[97] Membros do atual governo de Lula também se manifestaram favoravelmente ao aumento do porcentual de mistura, o que implicaria na retirada de 3,5% de açúcar do mercado, de acordo com um analista (conforme www.novacana.com/notícias/mistura de 30% de etanol no Brasil tiraria mais 3,5% de açúcar do mercado, calcula Citi. Acesso em 25/07/2023). Em 29 de dezembro de 2023 uma pequena notícia veiculada pela imprensa escrita informou que um grupo de trabalho para analisar a possibilidade de elevação da mistura para 30% foi criado, mas que ela depende da aprovação do Conselho Nacional de Política Energética e que "Parte dos produtores de etanol pressiona o Ministério de Minas e Energia para descartar testes adicionais pelas montadoras" (conforme WIZIACK, 2023).

[98] Os dados das safras 1990/91 e 2001/02 foram retirados de BACCARIN, 2005, p. 203; os das safras 2007/8 e 2015/6 de CONAB, 2007 e 2016 (a Conab/Companhia Nacional de Abastecimento é um órgão do Mapa/Mistério da Agricultura, Pecuária e Abastecimento).

A crise na década de 1990 explica a diminuição do número de fábricas (tanto de usinas como de destilarias entre 199/91 e 2001/02); o otimismo quanto às possibilidades de grandes exportações de açúcar e de etanol explica a elevação posterior, que não foi maior por conta da crise que ocorreu após 2008.[99]

Foi informado (em resposta a um *e-mail*) que A Conab deixou de realizar o importante trabalho (Perfil das Safras) que fez até a safra de 2015/16, mas uma lista fornecida em 28 de setembro de 2023 pelo Sistema de Acompanhamento da Produção Canavieira (sapcana, Mapa) permitiu constatar que no Brasil, em tal data, existiam 339 fábricas, sendo 226 "mistas", 93 destilarias, 15 usinas sem destilaria e 5 "sem lançamentos", ou seja, sem produção naquela data. Contudo, consta que a lista inclui as fábricas/produções de álcool de milho.

TABELA IV.6 – BRASIL – DISTRIBUIÇÃO DA PARTICIPAÇÃO DOS ESTADOS EXPORTADORES DE AÇÚCAR NO INÍCIO DO SÉCULO XXI – MÉDIAS DOS TRIÊNIOS 1999-2000-01, 2008-09-10 e 2019-20-21

ESTADOS	MÉDIA - 1999-2000-2001		MÉDIA - 2008-2009-2010		MÉDIA - 2019-2020-2021	
	% da quant. (t)	% do valor (US$ mil)	% da quant. (t)	% do valor (US$ mil)	% da quant. (t)	% do valor (US$ mil)
São Paulo	68,8	67,0	67,2	67,4	62,4	61,8
Alagoas	10,5	11,7	8,1	8,0	4,2	4,6
Paraná	9,2	8,9	9,6	8,9	10,6	10,0
Pernambuco	5,2	5,8	3,6	4,1	1,4	1,9
Minas Gerais	1,0	1,1	7,2	7,2	12,6	12,1
Rio de Janeiro	0,7	0,7	0,1	0,1	0,0	0,0
Mato G. do Sul	0,6	0,6	2,2	2,2	3,4	3,4

---

[99] O número de novos projetos de fábricas foi crescente entre as safras de 2005/06 e 2008/09, quando chegou a 30, depois caiu para 5 em 2011/12 (conforme gráfico em HERRERA, MAIA, JAIN, 2011, p. 6). Existem diversos trabalhos e informações disponíveis sobre a crise setorial pós-2008/09. Aqui basta citar a afirmação do (então) diretor técnico da União da Indústria de Cana-de-Açúcar (Sr. Antônio de Pádua Rodrigues), em entrevista ao jornal *Correio Braziliense*, edição de 21 de janeiro de 2019, quando afirmou que "Desde 2008, 80 usinas fecharam e umas 70 estão em recuperação judicial". É curioso constatar que, no entanto, uma publicação de 2017, patrocinada pela Confederação Nacional da Indústria previu a necessidade de investimentos que deveriam atingir, até 2030, a soma de 139,4 bilhões de reais (ou 31,4 bilhões de dólares) e que, além disso, a "agenda estratégica" deveria "incentivar a construção de novas unidades industriais (usinas) em regiões de demanda de etanol e onde não existam usinas em atividades do setor" (trechos retirados de NEVES, 2017 *et al.*, págs. 74 e 76).

ESTADOS	MÉDIA - 1999-2000-2001		MÉDIA - 2008-2009-2010		MÉDIA - 2019-2020-2021	
	% da quant. (t)	% do valor (US$ mil)	% da quant. (t)	% do valor (US$ mil)	% da quant. (t)	% do valor (US$ mil)
Rio G. do Norte	0,5	0,6	0,3	0,3	0,0	0,1
Mato Grosso	0,5	0,6	0,1	0,1	0,2	0,4
Santa Catarina	0,5	0,5	0,0	0,0	0,0	0,0
Goiás	0,4	0,4	1,1	1,3	3,7	4,0
Paraíba	0,2	0,2	0,2	0,2	0,1	0,1
Espírito Santo	0,1	0,1	0,1	0,1	0,0	0,0
Sergipe	0,0	0,0	0,1	0,1	0,0	0,0
Outros	1,8	1,8	0,0	0,0	1,4	1,6
Totais	100,0	100,0	100,0	100,0	100,0	100,0
TOTALBRASIL	9.925.220	1.796.283	23.922.159	8.874.199	25.264.116	7.704.310

Fontes: ALCOPAR/Associação de Produtores de Bioenergia do Estado do Paraná (dados originais da Secex, para os dois primeiros triênios); COMEX STAT (Ministério do Desenvolvimento, Indústria, Comércio e Serviços).

Nota: O uso de 0,0 não significa que a exportação foi necessariamente zero, mas sim que a porcentagem não atingiu 0,05.

Pode-se considerar o caso do Estado de São Paulo como o mais representativo do processo em análise. Na safra de 1993/4 havia no território paulista 73 usinas (4 sem destilaria) e 56 destilarias autônomas. Durante a década de 1990, devido ao fim do apoio estatal ao setor e da crise que se fez presente na primeira metade da década, várias destilarias foram transformadas em usinas e outras fecharam suas portas, como já observado. A situação não se tornou pior porque a partir de meados da década foi possível uma significativa elevação das exportações brasileiras de açúcar, como evidenciado no capítulo anterior. Assim, na safra de 2002/3 operaram no estado 102 usinas (3 sem destilaria) e apenas 27 destilarias. Dado o otimismo há pouco mencionado, os números, em 2007/8, passaram a ser de 121 usinas (6 sem destilaria) e 32 destilarias. Mesmo com a crise posterior operaram, em 2015/6, 135 usinas (4 sem destilaria) e 25 destilarias.[100] Cabe acrescentar que desde o início da década de 1950, quando superou Pernambuco como

---

[100] Conforme a lista do Mapa mencionada em nota anterior, em São Paulo existem, em 2023, 142 unidades, sendo 118 usinas com destilaria, 17 destilarias, 5 usinas sem destilaria e 2 sem produção.

maior produtor nacional, São Paulo passou a ser o estado com as maiores unidades de produção: na safra 2015/6 era o único estado a ter 19 fábricas com capacidade de moer mais de 4 milhões de toneladas de cana por safra (apenas Minas Gerais tinha duas unidades com essa última capacidade. Ver os dados em RAMOS e PELEGRIN, 2019 e em CONAB, 2008 e 2017).[101]

O Estado de São Paulo já havia se tornado, ao iniciar-se a década de 1970, no maior exportador brasileiro de açúcar, mas apresentando quantidades bastantes oscilantes: se no triênio 1972-73-74 elas alcançaram 55,4% do total exportado, no de 1979-80-81 situaram-se em 18,3% (conforme dados de RAMOS, 2022, p. 147). Isto indica que os produtores paulistas foram os que mais tiraram proveito dos altos preços decorrentes do movimento especulativo mencionado no segundo capítulo. No início do Século XXI a liderança paulista estava consolidada, como revelam os dados da Tabela IV.6. A maior porcentagem do valor das exportações de Alagoas, Pernambuco, Rio Grande do Norte e Mato Grosso, deve-se ao fato de que as vendas de açúcar para o mercado do EUA, onde os preços são mais elevados do que os do mercado livre mundial, foram designadas, convém lembrar, pela Lei 4870 de 1965 à "região Norte/Nordeste, como área prioritária", com o objetivo de "beneficiar a agroindústria daquela região subdesenvolvida, pelo menos até o momento em que seus limites de produção pudessem ser absorvidos pelo seu próprio consumo interno" (SZMRECSÁNYI, 1979, p. 277). Como se conclui, isto até agora não aconteceu. Os dados revelam que os estados de Pernambuco, Alagoas e Rio de Janeiro perderam participação, enquanto que Minas Gerais (para onde migraram alguns grupos usineiros do Nordeste), Mato Grosso do Sul e Goiás (estes dois últimos situados no Centro-Oeste e para onde migraram, há mais tempo, alguns grupos usineiros de São Paulo) elevaram suas participações. Convém mencionar que Pernambuco e Rio de Janeiro foram os estados que mais sentiram a crise da década de 1990.

Os preços médios obtidos por nossas exportações de açúcar foram os apresentados a seguir nos triênios indicados (considerando todos os tipos de açúcar).

- Em 1988/89/90: US$ 275,77 por tonelada; para os dois mercados (MLM e preferencial estadunidense, conforme dados apresentados em RAMOS, 2022, p. 147);

- Em 2000/01/02: US$ 180,80/t, idem (conforme dados de MAPA, 2007, págs. 63/4);

---

[101] Os seguintes dados ilustram o impacto do Proálcool em São Paulo: na safra 1975/6, o estado possuía 79 usinas e uma destilaria; em 1980/1, 73 usinas e 14 destilarias; em 1985/6, 72 usinas e 74 destilarias.

- Em 2012/13/14: US$ 451,95/t, idem (conforme UDOP/União Nacional da Bionergia, com dados originais de Secex/Secretaria de Comércio Exterior);[102]
- Em 2019/20/21: US$ 304,95/t, conforme dados da Tabela IV.6.

Convém agora apresentar dados sobre os preços internacionais do açúcar no período tratado nesse último capítulo.

Um gráfico elaborado por SAMPAIO, 2014 (p. 77) mostra que: a) os preços de importação de açúcar pela União Europeia e pelo EUA situaram-se sempre acima de dois preços (LIFFE n. 5 e ICE n. 11) do mercado livre mundial entre 1991 e 2009 (cotações em centavos de dólar por libra); b) que tais preços apresentaram, grosso modo, tendência altista posteriormente e atingiram seus picos em janeiro de 2011, a partir de quando passaram a cair, com exceção do preço de importação da União Europeia, que se comportou de maneira relativamente estável, todos considerados até janeiro de 2014. O autor observou que "O início da reforma do mercado de açúcar da UE, em 2006, causou uma primeira onda de aumento de preço no mercado livre; a ampla implementação de suas mudanças a partir de outubro de 2009 redundou na alteração completa de sua lógica de funcionamento até então existente" (p. 77/8).

Figura 1 – EVOLUÇÕES DOS PREÇOS MUNDIAIS (NOMINAIS E REAIS) DO AÇÚCAR BRUTO E BRANCO ENTRE 2001 E 2021 E ESTIMATIVAS SOBRE SEUS COMPORTAMENTOS ATÉ 2031.

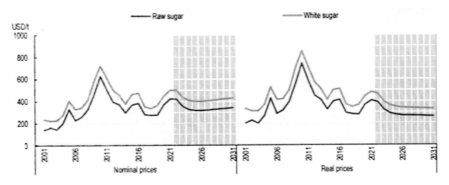

FONTE: OECD-FAO, 2022, p. 186.

---

[102] A UDOP é uma organização setorial criada em 1985 por proprietários de destilarias autônomas do oeste paulista e que passou a congregar empresas localizadas em outros estados do Brasil. A Secex era um órgão do então Ministério do Desenvolvimento, Indústria e Comércio Exterior.

Uma visão da evolução dos preços mundiais nominais e reais, tanto do açúcar bruto como do branco, entre 2001 e 2021pode ser obtida nos gráficos acima, reproduzidos de um trabalho conjunto da OCDE-FAO, o qual traz também uma estimativa do comportamento futuro de tais preços até 2031. Com base neles é possível constatar que tais preços apresentaram comportamentos muito semelhantes em todo o período 2001-2021, com picos em 2010, com oscilações até 2019 e elevações daí até 2021, mas que ficaram em níveis abaixo daqueles picos. Quanto às projeções até 2031, constata-se que os preços nominais dos dois açúcares deverão apresentar pequenas elevações, mas não atingirão os preços de 2021; já os preços reais deverão apresentar quedas não desprezíveis até 2031. Essa tendência, se vier a ocorrer, atenderá o interesse dos usuários do açúcar como insumo na preparação de alimentos e bebidas mundo afora.[103]

A Associação Brasileira da Indústria de Alimentos (Abia) divulgou uma nota chamando a atenção para o fato de que a Organização Mundial da Saúde (OMS) recomenda que a população consuma, no máximo, 18,25 kg anualmente. No Brasil, em 2008, o consumo chegava a 30,07 kg, assim distribuído: 24,30 kg em consumo direto e 5,77 kg em consumo indireto. Outra distribuição apresentada é a que revela que o "consumo domiciliar" é de 16,92 kg; o consumo de açúcar intrínseco nos alimentos processados é de 3,96; o consumo de açúcar *in natura* é de 3,42, somando, portanto, 24,30 kg. Ainda segundo a Abia, a distribuição regional do consumo total de açúcar é a seguinte: no Sul, 34,26; no Sudeste, 30,42; no Nordeste, 28,70; no Centro/ Oeste, 27,91; no Norte, 27,48. A nota observa ainda que "A indústria, portanto, é responsável por apenas 19,2% do açúcar consumido anualmente pelo brasileiro".[104] Como se constata, é significativa a discrepância entre o nível de consumo constatado pela Abia e o que se constata nas publicações tanto da F.O.LICHT como da Organização Internacional do Açúcar. Em 2020 uma publicação da Abia e do Ital/ Instituto de Tecnologia de Alimentos (órgão do governo do Estado de São Paulo, sediado em Campinas) observou que:

> Há muitos anos, a redução ou substituição do açúcar (sacarose) tem sido feita em vários produtos, por meio da utilização de adoçantes artificiais de alta intensidade (Exemplos: Acessul-

---

[103] Na página 180 (figura 5.3) da mesma publicação é mostrado que, proporcionalmente, o consumo *per capita* de carboidratos via alimentos básicos é muito maior em virtualmente todas as regiões ou países do mundo (mas principalmente na África e nos países asiáticos, exceto da Ásia Central) quando comparado com os provenientes de laticínio, açúcar e HFCS e mesmo com frutas e vegetais. A tendência estimada é de que tal situação não sofrerá grande alteração até 2031.

[104] A nota está disponível em z2017620abiaacucar200617pd (acesso em 12 de maio de 2023).

fame K, Aspartame, Sucralose etc.) e naturais (Exemplos: Stevia, Fruta do Monge, etc.). Por exemplo, os refrigerantes diet são comercializados no Brasil desde 1987 (REGO *et al.*, 2020, p. 38).

A publicação menciona que em 2018 um plano do Ministério da Saúde do Brasil em conjunto com a ABIA, com a Associação Brasileira da Indústria de Biscoitos, Massas Alimentícias e Pães & Bolos Industrializados (Abimapi), com a Associação Brasileira das Indústrias de Refrigerantes e Bebidas Não Alcoólicas (Abir) e com a Associação da Indústria de Lácteos (Viva Lácteos), foi elaborado "para retirar mais de 144 mil toneladas de açúcares de alimentos e bebidas até 2022" (mesma página). A obra não traz dados mais recentes sobre o consumo indireto de açúcar no país pois se refere ao porcentual de 19,2, acima mencionado.

Contudo, é possível que o consumo de açúcar ganhe impulso de consumo tanto no Brasil como no mundo em decorrência do fato de que a Agência Internacional de Pesquisa sobre o Câncer, um órgão da OMS classificou o aspartame (usado em produtos como refrigerantes dietéticos e chicletes) foi considerado como "possivelmente cancerígeno". Mais ainda, segundo a matéria jornalística, o órgão desaconselhou "o uso de todos os tipos de adoçantes não nutritivos como substitutos do açúcar em dietas para controle do peso" (LUC, 2023). Contudo, no Brasil, a Anvisa (Agência Nacional de Vigilância Sanitária) manteve, logo depois da manifestação daquele órgão, a recomendação do consumo e a vice-presidente do Departamento de Diabetes Mellitus da SBEM (Sociedade Brasileira de Endocrinologia e Metabologia) observou, segundo outros autores, que a classificação do órgão "é controversa e pode causar uma preocupação desnecessária" (CASTRO e DAMASCENO, 2023).[105]

No entanto, os sinais são de que o consumo indireto de açúcar deve crescer menos no futuro porque a indústria de alimentos e bebidas vem diminuindo o uso em seus produtos, tanto em decorrência de suas próprias iniciativas como em função de políticas públicas regulatórias. Como observou um estudioso, A Organização Mundial da Saúde apela para que a indústria alimentar reduza o uso de açucares livres, sódio e gorduras e

---

[105] Uma notícia publicada em 27 de maio de 2021 no site da UDOP/União Nacional da Bioenergia e referenciada em estimativa da Archer Consulting mencionou que a melhoria da renda em países com consumo *per capita* crescente, os aumentos de população, a migração do consumo de xarope de milho para o açúcar (mesmo que lenta no EUA) e os potenciais novos países consumidores vem provocando mudança de inclinação na curva de consumo do açúcar no mundo (conforme www.udop.com.br. Acesso em 02.03.2023).

defende a regulação publica como a melhor forma de alcançar esse objetivo (WILKINSON, 2023, p. 67).[106]

A Tabela IV.7 traz os dados retirados do relatório anual da Organização Internacional do Açúcar referentes ao período deste capítulo. Tais dados podem ser tomados como indicadores que, pelo menos no âmbito dos países filiados à organização, não houve razão, exceto ações especulativas, para a significativa elevação dos preços, já que o consumo *per capita* não se elevou e a produção cresceu pouco mais do que o consumo total, o que permitiu a expressiva elevação do estoque final.

TABELA IV.7 – A EVOLUÇÂO DO MERCADO MUNDIAL DE AÇÚCAR CONFORME OS DADOS DA ORGANIZAÇÃO INTERNACIONAL DO AÇÚCAR ENTRE OS TRIÊNIOS 2004-05-06 E 2019-2020-2021 (dados de quantidades médias em mil toneladas e de preços diários médios em centavos de dólar estadunidense por libra)

Triênios	Produção	Consumo	Estoque final	Exportação	Importação	Cons.Per Cap.	Preços
2004-05-06	138.446,3	139.319,0	86.566,0	46.489,0	46.488,7	21,8 Kgs.	10,61
2019-20-21	168.537,3	168.888,3	114.022,3	62.973,7	63.029,3	21,7	14,40
Variação %	21,73%	21,22%	31,72%	35,46%	35,58%	-0,46%	35,72%

Fonte: Sugar Yearbook 2022, p. 275.
Nota: As médias não revelam que o preço foi elevado de USD cents/lb 7,17 em 2004 para 14,77 em 2006 e de 12,84 em 2020 para 17,67 em 2021.

---

[106] Em livro anterior o autor manifestou-se de forma pessimista quanto ao futuro do mercado de açúcar natural: "No caso do açúcar estamos, portanto, tratando de um produto em processo de expulsão dos mercados alimentares, não apenas como resposta à concorrência de outros produtos, mas também como resultado do impacto de critérios de nutrição". Ao destacar o caso do Brasil e apontar as novas tendências do mercado de alimentos, escreveu que o uso de adoçantes artificiais pela Coca-Cola e Pepsi-Cola no país poderia ocasionar "um estímulo muito grande para o mercado de adoçantes não-açucareiros" (WILKINSON, 1989, págs. 126 e 138). Os fatos de que a mencionada "expulsão" ainda não ocorreu e tampouco a generalização do consumo de bebidas diet no Brasil, podem ser atribuídos ao não advento do "substituto perfeito" do açúcar natural (para usar a expressão de SZMRECSÁNYI e ALVAREZ, 1999) já que os atuais concorrentes apresentam problemas diversos., notadamente os ligados aos processos de produção e (possíveis) impactos na saúde, conforme há pouco tratado.

QUADRO I – LISTA DOS DEZ PAÍSES MAIORES PRODUTORES E CONSUMIDORES DE AÇÚCAR CENTRIFUGADO ENTRE 1934-38 E 2017-21(dos maiores para os menores, conforme os dados em milhões de t.m.)

EM 1934-38		EM 1956-60		EM 1970-74	EM 1979-81	EM 2000-04		EM 2017-2021	
PRODUTs.	CONSUMs.	PRODUTs.	CONSUMs	PRODs.	CONSUMs	PRODUTs.	CONSUMs.	PRODs.	CONSs.
1.EUA	EUA	Cuba	EUA	URSS	EUA	**Brasil**	Índia	**Brasil**	Índia
2.CUBA	R. Unido	Rússia	Rússia	**Brasil**	Índia	Índia	China	Índia	China
3.Rússia	Rússia	EUA	R Unido	Cuba	**Brasil**	China	**Brasil**	U.E.	U. E.
4.Índia	Alemanha Oc.	**Brasil**	Índia	EUA	China	EUA	EUA	Tailândia	**Brasil**
5.Polônia	França	Índia	**Brasil**	Índia	México	Tailândia	Rússia	China	EUA
6.França	Índia	Alem. Oc.	Alem. Oc.	China	Japão	México	México	EUA	Indonésia
7.Alem.Or.	Japão	França	França	França	Indonésia	Austrália	Paquistão	Fd. Russa	F. Russa
8.Indonésia	Alemanha Or.	Austrália	Japão	Austrália	Polônia	França	Indonésia	México	Paquistão
9.Filipinas	**Brasil**	Filipinas	China	México	Irã	Alemanha	Alemanha	Paquistão	México
10.Austrália	China	Itália	México	Alem.Oc.	Áfr. do Sul	Paquistão	Egito	Austrália	Egito

Notas:1-1970-74: refere-se à produção média no quinquênio; 1979-81: refere-se ao consumo total médio no triênio. Não foi possível obter os dados de consumo total da U.R.S.S. nesse triênio;

2-Consumo Total da União Europeia em 1979-81(15 países): 11,15 milhões; em 2000-04 (25 países): Consumo Total: 17,81, idem; em 2017-21 (27 países): Produção:16,04; Consumo Total: 16,89. Em 2000-04 a fonte utilizada traz os dados por país da U.E., e a fonte dos dados de 2017-21 não traz.

Para finalizar o trabalho são apresentadas, nos quadros I e II, as listas dos dez maiores produtores, consumidores, exportadores e importadores de açúcar centrifugado, consideradas nos cinco quinquênios indicados, o que propicia uma visão de longo prazo do posicionamento dos países listados no processo de evolução do mercado mundial l daquele açúcar. As listas dos quadros foram feitas com base nos dados das tabelas deste e dos capítulos anteriores; o mesmo vale no caso dos dados da Tabela IV.8, que permite acompanhar o caso brasileiro no contexto mundial.

Do Quadro I convém chamar a atenção para os casos mais relevantes. O EUA, de maior mercado interno de açúcar centrifugado em 1934-38, passou a se situar como sexto maior produtor e quinto maior consumidor em 2017-21; Cuba, que era o segundo maior produtor no primeiro quinquênio, deixou de se situar entre os dez maiores produtores no último; o Brasil, que não aparecia na lista dos dez maiores produtores, tornou-se o maior produtor de açúcar centrifugado e o país situa-se como quarto maior mercado consumidor. No entanto, cabe lembrar que a Índia tem um significativo mercado interno de açúcar não centrifugado, cujos dados não são divulgados pela Organização Internacional do Açúcar. Os dados da União Europeia, apresentados na nota 2, revelam que, enquanto a produção do bloco recuou 22,7% entre os quinquênios 2000-04 e 2017-21 (devido às alterações na política açucareira do bloco em 2003/06), o consumo total recuou apenas 5,2%, não obstante a ampliação do bloco.

QUADRO II – LISTA DOS DEZ PAÍSES MAIORES EXPORTADORES E IMPORTADORES DE AÇÚCAR CENTRIFUGADO EM 1934-38, 1956-60, 1970-74, 2002-04 E 2019-2021

EM 1934-38		EM 1956-60		EM 1970-74		EM 2002-04		EM 2017-2021	
EXPs.	IMPs.	EXPs.	IMPs.	EXPs.	IMPs.	EXPs.	IMPs.	EXPs.	IMPs.
1.Cuba	EUA	Cuba	EUA	Cuba	EUA	**Brasil**	Rússia	**Brasil**	China
2.Filipinas	R.Unido	Filipinas	R.Unido	**Brasil**	Japão	Tailândia	Indonésia	Tailândia	Indonésia
3.Indonésia	Japão	Austrália	Japão	Austrália	R.Unido	Austrália	Japão	Índia	EUA
4.Polônia	Alemanha	R.Dominicana	Canadá	Filipinas	U.R.S.S.	U.E.	EUA	Austrália	Bangladesh
5.R.Domin.	Canadá	Peru	Rússia	França	Canadá	França	Canadá	México	Argélia
6.Austrália	Marrocos	**Brasil**	Marrocos	R. Domin.	China	Cuba	R. Coréia	Guatemala	Malásia
7.Peru	Suíça	Jamaica	Irã	Af.do Sul	Itália	Guateml.	Nigéria	Eswatini	Rp. Coréia
8.Tchecoslovq	Chile	Tchecoslov	Alemanh	Maurício	França	Colômbia	Argélia	El Salvador	Nigéria
9.Af.do Sul	Irã/Esp.	Af. do Sul	Suíça	China	Ale. Or.	Alemanha	Malásia	Fed. Russa	Japão
10.Fiji	N.Zeland.	Polônia	Chile	México	Malásia	Af.doSul	China/Eg.	Cuba	Canadá

Notas:1- Como mencionado, os dados de 1934-38 e 1956-60 referem-se aos maiores superávits e déficits em relação ao mercado interno (P>C e C>P) e nos demais quinquénios às exportações e importações líquidas; em 1934-38, Irã e Espanha apresentaram iguais totais importados; em 1934-38 e em 1956-60 os dados referem-se às duas Alemanhas; em 2002-04 China e Egito apresentaram iguais totais importados; 2- Como mencionado no capítulo segundo, a China reexportou, em 1970-74, açúcar cubano, razão pela qual aparece como importadora e exportadora; a URSS e a Alemanha Oriental fizeram o mesmo.

Considerando novamente apenas os casos mais relevantes revelados pela lista do Quadro II: Cuba, de país maior exportador em 1934-38, passou à décima posição em 2017-21; o Brasil, que não aparecia na lista, passou a ser o maior exportador; o EUA deixou de ser o maior importador e situa-se atualmente na terceira posição; a Indonésia (ex-Java) deixou de figurar como grande exportador e tornou-se o segundo país grande importador; a China passou a ser o maior importador; a Índia elevou em muito sua produção de açúcar centrifugado, o que a fez tornar-se a terceira nação maior exportadora, em que possam pesar os recorrentes problemas climáticos que sua produção açucareira enfrenta; o Japão e o Canadá perderam posições como grandes importadores. A União Europeia deixou de figurar entre os grandes exportadores porque apresentou, em 2017-21, uma importação líquida de 0,36 milhões de toneladas (exportação de 1,84 e importação de 2,20 milhões).

TABELA IV.8 – EVOLUÇÃO ENTRE 1934-38 E 2019-2021 NO BRASIL E NO MUNDO DAS PRODUÇÕES, DOS CONSUMOS TOTAIS, E DAS EXPORTAÇÕES DE AÇÚCAR CENTRIFUGADO E PARTICIPAÇÕES DO BRASIL (dados em milhões de toneladas métricas)

MÉDIAS DOS PERÍODOS	PRODUÇÃO		% do Brasil	CONSUMO		% do Brasil	EXPORTAÇÃO		% do Brasil
	BRASIL	MUNDO		BRASIL	MUNDO		BRASIL	MUNDO	
1934-38	0,67	24,58	2,7	0,65	24,31	2,7	0,04	12,01	0,3
1956-60	2,66	45,00	5,9	2,18	44,88	4,9	0,53	17,29	3,1
1970-1974	6,57	76,14	8,6	4,59	82,48	5,6	2,01	23,31	8,6
2002-04	24,28	142,05	17,1	10,03	138,95	7,2	14,11	49,65	28,4
2017-2021 (*)	34,57	171,05	20,2	10,37	169,86	6,1	25,15	63,33	39,7
2017-2021(**)	(34,57)	184,08	(18,8)	(10,37)	182,23	(5,7)	(25,15)	70,56	(35,6)

Nota: (*) Conforme os dados de I.S.O., 2022, págs. 31 e 275.

(**) Conforme os dados de F.O.Licht, 2021, págs. 5 e 8. Aqui foram consideradas as exportações não líquidas de ambas as fontes.

Cabe destacar que os dados da Tabela IV.8 revelam a grande elevação da participação do Brasil nas exportações mundiais (não líquidas) de açúcar, tanto com base nos dados da Organização Internacional do Açúcar como de F.O.Licht. A consideração de exportações líquidas mostra que a média brasileira exportada em 2017-21 não se altera porque a importação foi de apenas 2.256 toneladas. Por sua vez, as exportações líquidas mundiais chegou, pelos dados de F.O.Licht em tal quinquênio, à média de apenas 1,78 milhões de toneladas e é zerada pelos dados da Organização Internacional de Açúcar. [107]

Finalmente, cabe observar que ao longo do período iniciado em meados da década de 1930 ao ano de 2020 nossas exportações sempre cresceram a taxas anuais superiores as das produções, mas as maiores taxas de expansão das exportações deram-se entre os quinquênios de 1934-38 e de 1956-60 (12,46%) e deste para o de 1970-74 (10,18%), com as produções tendo crescido, respectivamente, 6,47% e 6,67%. Entre o quinquênio 1970-74 e o triênio 2002-04 a produção cresceu 4,55% e a exportação 6,90% e entre esse triênio e o de 2019-21, os crescimentos foram de 1,77% e de 2,61%. Assim, mesmo no período em que existiam restrições no mercado mundial de açúcar (via quotas e mercados preferenciais), o país conseguiu elevar a participação da exportação na produção de 0,06% no quinquênio 1934-38 para 31,4% no de 1970-74. No período posterior tal participação foi elevada para 62,5% no triênio 2002-04 e para 71,8% no de 2019-21.

O gráfico a seguir permite uma visualização quanto ao protagonismo dos países envolvidos no processo analisado ao longo deste trabalho.

---

[107] A diferença entre os números deve-se a que os dados da Organização Internacional do Açúcar referem-se aos 87 países–membros, os quais foram responsáveis, em 2021, por 86% da produção mundial de açúcar, 67% do consumo, 40% da importação e 92% da exportação (I.S.O., 2022, p. I) e a que os dados de F.O.Licht considera (ou estima) o total mundial e estão expressos em quantidades de açúcar bruto (as quais podem ser convertidas em quantidades de açúcar branco se multiplicados por 0,92. F.O.Licht, 2021, p. 4).

Figura 2 – OS MAIORES PRODUTORES, CONSUMIDORES, EXPORTADORES E IMPORTADORES MUNDIAIS DE AÇÚCAR NOS QUINQUENIOS E TRIENIOS INDICADOS

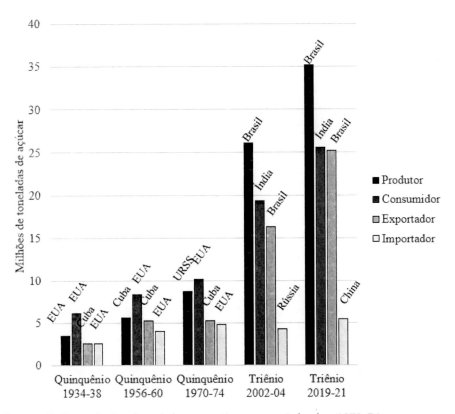

Fonte – Dados retirados das tabelas respectivas aos períodos (em 1970-74 no consumo estadunidense somou-se a produção com a importação).

OBSERVAÇÕES CONCLUSIVAS

O açúcar de cana já era um produto manufaturado de amplo consumo principalmente na Europa quando o Brasil foi "descoberto". Isso, se por um lado colocou em risco nossa integridade territorial; por outro, ocorreu que a produção e o comércio ultramarino do produto contribuíram sobremaneira para a formação e expansão de nossa economia e de nossa sociedade. Assim, entre a segunda metade do século XVI e meados do XVIII o Brasil tornou-se o país protagonista daquele comércio. Depois dessa época perdemos tal posição devido o surgimento de novas áreas de produção de açúcar de cana (o que contribuiu para ampliar o sistema colonial) e o advento do açúcar de beterraba, que permitiu sua produção nos países metropolitanos. Isto pouco mudou até a Primeira Guerra Mundial, um conflito entre as metrópoles imperialistas. Durante tal longo período ocorreram as tentativas de acordo, adotadas pelos países europeus maiores produtores, para limitar a expansão da produção mundial.

O fracasso de tais tentativas deu origem, depois da grande depressão de 1929, aos mercados preferenciais (liderados pelo EUA, pelo Reino Unido e pela U.R.S.S.), os quais passaram a ser responsáveis pela maioria das quantidades comercializadas mundo afora. O Brasil ficou confinado às vendas no mercado livre mundial, cujas quantidades foram pequenas e cujos preços foram muito voláteis e geralmente menores do que aqueles vigentes naqueles mercados. O que garantiu a sobrevivência e a expansão de nossa produção açucareira (e, por decorrência, alcooleira) foi o grande crescimento de nosso mercado interno desde meados do século XIX, o que se deveu à um bem tipicamente agrícola, o café, que passou a liderar nossas exportações após 1830. Depois de 1931/33 nossa produção foi submetida à intervenção estatal, que buscou limitá-la e discipliná-la, e ela marcou, com resultados desejados e indesejados, a trajetória de nossa agroindústria canavieira até 1990.

Ao iniciar-se a década de 1960 os planejadores da intervenção esperavam a volta do país à liderança do comércio mundial de açúcar, mas nem mesmo o rompimento das relações entre os dois principais países do mercado preferencial estadunidense possibilitou tal fato, para o que contribuiu a criação da Comunidade Econômica Europeia. Assim, foi reforçada a característica da circulação mundial de açúcar, a qual desde há muito era majoritariamente submetida a regulações e apoios estatais nos principais países produtores; portanto pouco sujeita à chamada "liberdade de mercado". Isso se estendeu ao conturbado período entre 1961 e 1974, no qual a esperada insuficiência mundial de oferta e consequente elevação dos preços, agravada pela especulação de alcance mundial, estimulou a busca de substitutos, artificiais e naturais, o que não era propriamente uma novidade.

À frustrada busca do protagonismo brasileiro no mencionado período aliaram-se os dois choques dos preços mundiais do petróleo, o que ensejou a criação do Proálcool, programa que muitos pensaram ser capaz de substituir (com o álcool hidratado) o consumo de derivados dessa *commodity*, para além do que era feito desde 1931, com a adição de álcool anidro à gasolina. Os investimentos para isso deram continuidade aos que foram feitos para dar conta daquela busca, o que ampliou nossa capacidade de produção de açúcar, que excedia em muito a possibilidade de realização no mercado interno. A queda daqueles preços após 1981 forçou a conversão de algumas destilarias em usinas e a falência de muitas delas. O fim do apoio estatal, seja ao Proálcool, seja à agroindústria canavieira como um todo, cujo marco foi a extinção do IAA, agravou as dificuldades que ela viveu durante a década de 1990, gerando uma crise que não foi maior porque nossas exportações cresceram entre 1995 e 2002, o que propiciou, finalmente, a volta do país à liderança mundial. Contribuiu para isso o fim da U.R.S.S., que não demorou para ser "substituída" pela criação da Federação Russa, que, por sua vez, limitou a colocação de nosso açúcar em alguns países que faziam parte daquela união. Cabe lembrar que desde o final da Segunda Grande Guerra o que ocorria no mercado mundial de açúcar, assim como no de armas, era influenciado pela Guerra Fria.

A partir de 2002/3 dois processos possibilitaram a retomada do crescimento do complexo agroindustrial canavieiro no Brasil. O primeiro deles foi o advento dos veículos *flex fuel*, que possibilitou a "reconstrução" do mercado de álcool hidratado, agora denominado etanol. O segundo deles foi a pressão, liderada pela Austrália e pelo Brasil, para que fossem extintas as subvenções dadas pela União Europeia à produção local de açúcar de beterraba. Tal pressão não abriu grande margem de mercado para o açúcar brasileiro pois o grupo ampliou sua relação com os países agrupados sob a sigla ACP (África, Caribe e Pacífico), muitos deles ex-colônias europeias. A Austrália e o Brasil liberaram seus mercados açucareiros, o que não ocorreu no caso estadunidense, que continuou concedendo ao Brasil uma pequena quota no seu mercado preferencial. É perceptível que nessa nova conformação do mercado mundial do açúcar predominaram objetivos geopolíticos. Não tardou para que os europeus, o EUA e outros países passassem a redirecionar parte significativa da produção de suas matérias-primas açucareiras (beterraba e milho) para a produção de álcool destinado ao uso carburante, ao que se adicionou outras plantas ou espécies vegetais também para mistura ao diesel, o que o Brasil também passou a fazer. Deve-se a isso o fato de que nossas exportações de etanol não conseguiram, até o presente, alcançar as grandes quantidades que muitos estudiosos esperavam. Mas é possível que no futuro próximo esse produto, em função de políticas decorrentes de preocupações ambientais, assuma a liderança nas vendas externas da agroindústria canavieira do Brasil. Mas isto depende das opções tecnológicas e mercadológicas, em âmbito mundial, regional ou local, da indústria automobilística.

Cabe destacar que nossas exportações de açúcar nos últimos anos, assim como no passado, concentram-se nas vendas de açúcar bruto, principalmente para alguns países do Oriente e da África, já que os principais importadores deste último continente adotaram políticas de apoio ao processamento local do açúcar bruto, especialmente porque as atividades industriais (e outras) disso decorrentes são criadoras de ocupações e/ou de empregos que contribuem para a elevação das rendas locais.

Concomitantemente, foi observado que o açúcar vem deixando de ser um bem de consumo direto pelas famílias para ser usado como insumo de atividades manufatureiras e industriais, principalmente nos países de renda mais elevada, onde também seu consumo *per capita* vem caindo, o que não ocorre com maior intensidade porque circulam, vez por outra, notícias, geralmente fundamentadas em artigos científicos, sobre os maléficos efeitos colaterais dos substitutos, notadamente os artificiais, aparente indicação de que o "substituto perfeito" do açúcar de cana e de beterraba ainda não é produzido".

Nesses processos de amplo alcance mundial o Brasil tem conseguido manter elevadas suas exportações de açúcar de cana, para o que muito contribui nossas condições edafo-climáticas, principalmente as da região Centro/Sul, com a produção e exportação nacionais lideradas pelo Estado de São Paulo, assim como o aprendizado na produção agrícola e na industrial acumulado ao longo de quase cinco séculos. No entanto, a manutenção da posição alcançada desde o final do Século XX dependerá da contínua busca de redução dos custos de produção e/ou de ganhos de eficiência produtiva. E isto também possibilitará a ampliação da participação brasileira no (provável) mercado mundial de álcool carburante porque parece que elevar nossa participação no mercado mundial de açúcar pode ser algo difícil. Isto porque, além da preocupação mundial quanto a sustentabilidade da produção e uso de energia, foi mostrado que o consumo de açúcar (direto e indireto) não deverá crescer tanto quanto cresceu no passado e que diversos países iniciaram ou ampliaram suas produções locais.

Contudo, se o futuro do mercado de açúcar de cana e de beterraba está em aberto, a análise de sua trajetória nos últimos sessenta anos e principalmente após a última década do século passado permite a observação de que se o Brasil foi o país que dela mais se beneficiou, Cuba foi o país que nela mais perdeu.

REFERÊNCIAS

ABRAMOVAY, R. "Eficiência e contestação socioambiental no caminho do etanol brasileiro". *Política Externa*, Vol. 17, N. 2, Set/Out/Nov., 2008.

ALIMANDRO, R. *et al. Agenda para a competitividade do agribusiness brasileiro: base estatística 2001-02.* Rio de Janeiro: FGV; São Paulo: ABAG, 288 p., 2001.

ALMEIDA, J. R. de; MEYER, A. C. *Fases Econômicas da Indústria Açucareira.* Piracicaba/SP, Tipografia do Jornal de Piracicaba (folhetim), 1948.

BACCARIN, J. G., *A Constituição da Nova Regulamentação Sucroalcooleira.* Brasília: Universidade de Brasília; São Paulo: Editora UNESP (V. 5, n. 2), 2005, 237 p.

BACCHI, M. R. P. e RODRIGUES, L. "Estrutura de Mercado e Formação de Preços na Cadeia Produtiva de Cana-de-Açúcar". *In:* ALVES, L. R. A. e BACHA, C. J. C., *Panorama da Agricultura Brasileira*, Campinas/SP: Alínea; 2018, págs. 241-270.

BARROS, B. C., "Cana-de-Açúcar". *Revista de Economia Rural*, SOBER, Rio de Janeiro, Vol. I, n. 1, p. 469/480 e 487/490, junho, 1968.

BARROS, P. S., SCHUTTE, G. R., SANNÁ PINTO, L. F., "Além da Autossuficiência: O Brasil como protagonista no setor energético". *Texto para Discussão n. 1725*, IPEA: Brasília, abril, 2012.

BARRY, R. D. *et al. Sugar Background for 1990 farm legislation.* Washington/DC; USDA/Economic Research Service, 1990.

BURNQUIST, H. L., BACHI, M. R. P. "Análise de Barreiras Protecionistas no Mercado de Açúcar". In MORAES, M. A. F. D. de, SHIKIDA, P. F.A. (Orgs.). *Agroindústria canavieira no Brasil: evolução, desenvolvimento e desafios.* São Paulo: Atlas, 2002.

CARVALHO, F. C. de; YOSHII, R. J.; NOGUEIRA JUNIOR, S., "Efeitos do Acordo Internacional do Açúcar sobre a Participação Brasileira em Mercados Importadores". *Agricultura em São Paulo*, 35 (1), 1988, p. 1-6.

CASTRO, D., "Adoçantes surgiram de experimentos científicos que deram errado". *Folha de S. Paulo*, edição de 2 de julho, 2023, p. B6.

CASTRO, D. e DAMASCENO, V., "Classificação da OMS sobre aspartame é vista com cautela". *Folha de S. Paulo*, edição de 15 de julho de 2023, p. B6.

CARVALHO, L. C.C., *"Perspectivas para a produção brasileira de cana, açúcar e álcool"*. Exposição na FEISUCRO/São Paulo em 26/10/2004 (não publicada).

CENAL/Comissão Executiva Nacional do Álcool, *PROÁLCOOL – Informações básicas para empresários* (não publicado e não especificado local, 21 páginas), 1980.

CERRO, J. A. Acuerdos especiales, Geplacea y la integración latino-americana. *In: XIV Congresso Internacional de História Econômica*. Helsinki/Finlândia, 21-25 de agosto, 2006 (não publicado).

COELHO, C. N., "70 Anos de Política Agrícola no Brasil (1931-2001)". *Revista de Política Agrícola* (MAPA); Ano X, jul/ago/set. 2001.

CONAB/Companhia Nacional de Abastecimento. *Perfil do Setor do Açúcar e do Álcool no Brasil, Situação observada em novembro/2007*, Brasília, abril/2008.

CONAB. *Perfil do Setor do Açúcar e do Etanol no Brasil* - Edição para a Safra 2015/6. Brasília, Volume 1, 2017.

COPERSUCAR/Cooperativa de Produtores de cana, açúcar e álcool do Estado de São Paulo, sem data. *Agroindústria canavieira: um perfil*. São Paulo: Copersucar.

DALTON, J. E., *Sugar – a case study of government control*. New York: The Macmillan Company, 1937.

DELFIM NETTO, A., *O Problema do Café no Brasil*. São Paulo: IPE/USP, 1981, 348 p.

FAO/Organização das Nações Unidas para a Agricultura e Alimentação, *Azúcar: Cuestiones importantes de comercio y estabilización em los años 80*. FAO/Roma (mimeo.), 1985.

F.O. LICHT. *World Sugar Statistics*. 67ª Edição, 2006.

F.O. LICHT. *World Sugar Yearbook*. Agra Informa Limited, Kent, U. K, 2008.

F.O. LICHT. "World sugar déficit shrinks to 1,7 million t in 2020/21". *International Sugar Journal*, (World Sugar Yearbook 2021), London: IHS Markit (págs. 4-13), 2021.

FNP/Consultoria & Comércio, vários anos. *AGRIANUAL/Anuário Estatístico da Agricultura Brasileira*. São Paulo: Editora Argos Comunicação.

FURTADO, C., *Economia Colonial no Brasil nos séculos XVI e XVII. Elementos de história econômica aplicados à análise de problemas econômicos e sociais*. São Paulo: Hucitec; ABPHE/Associação Brasileira de Pesquisadores em História Econômica, 2001.

HAYAMI, Y. e RUTTAN, V.W., *Desenvolvimento agrícola: teoria e experiências internacionais*. Brasília: EMBRAPA/DPU, 1988.

HERRERA, Pedro, MAIA, Diego, JAIN, Ravi, "Açúcar e etanol no Brasil". Tradução do *Relatório publicado pelo HSBC Securities (USA) Inc.* São Paulo: HSBC Bank Brasil S.A, 2011.

HUBERMAN, L., *História da Riqueza dos EUA (Nós, o Povo)*. São Paulo: Editora Brasiliense (4ª edição), 1987.

HUEBE, V. L., Actualización de la situación azucarera de los Estados Unidos. *Boletín Geplacea*, Vol. IX, N. 12, diciembre, 1992, p. 19-28.

INTERNACIONAL SUGAR COUNCIL. *The world sugar economy structure and policies*. Londres: Conselho Internacional do Açúcar (vol. I, National Sugar Economies and Policis), 1963.

I.A.A./Instituto do Açúcar e do Álcool, *Relatório 80*. Rio de Janeiro, 1980.

I.A.A., *Legislação Açucareira e Alcooleira (Vol. I)*. Rio de Janeiro: MIC/IAA, 1981.

INTERNATIONAL SUGAR ORGANIZATION/I.S.O., *Sugar Yearbook, 2022*. Londres.

JOHNSTON, B. e KILBY, P., *Agricultura e transformação estrutural*. Rio de Janeiro: Zahar Eds., 1977.

JAGGARD, K. e ROSBROOK, T., "Factors affecting recent trends in sugar beet yields and implications for sugarcane productivity". *In: International Sugar Journal*, (World Sugar Yearbook 2021), London: IHS Markit, 2021, (págs. 98-105).

LECUONA, O. Z., "Política Cubana em el mercado azucarero internacional; Condiciones y Caracteristicas". *XIV Congresso Internacional de Historia Economica*. Helsinki/Finlândia, 21-25 de agosto, 2006 (não publicado).

LEME JÚNIOR J.; BORGES, J. M., *Açúcar de Cana*. Viçosa/MG: Imprensa Universitária, Universidade Rural do Estado de Minas Gerais, 1965.

LÓPEZ, F. C., *La Industria Azucarera em Cuba. Habana*: Editorial de Ciencias Sociales, 1982.

LUC, M, "OMS classifica aspartame como possivelmente cancerígeno". *Folha de S. Paulo*, edição de 14 de julho de 2023, p. B5.

MAPA/Ministério da Agricultura, Pecuária e Abastecimento. *Anuário estatístico da agroenergia*. Brasília: MAPA/ACS., 2009.

MAPA/Ministério da Agricultura, Pecuária e Abastecimento. *Balanço nacional da cana-de-açúcar e agroenergia*. Secretaria de Produção e Agroenergia, Brasília: MAPA/SPAE, 2007.

MAPA/Ministério da Agricultura, Pecuária e Abastecimento. *Projeções do Agronegócio: Brasil 2012/13 a 2022/23*. Brasília/DF: MAPA/ACS. 2013.

MARJOTTA-MAISTRO, M. C., *Consumo Industrial de Açúcar no Estado de São Paulo*. Piracicaba, ESALQ/USP (dissertação de mestrado), 1998.

MELO, F. H. de. *O problema alimentar no Brasil: a importância dos desequilíbrios tecnológicos*. Rio de Janeiro: Paz e Terra, 1983.

MENEZES, S. de M. A., *Brasil e os Acordos Internacionais de Cacau, Café e Açúcar: 1962-1982*. Piracicaba: ESALQ/USP (dissertação de mestrado), 1985.

MITCHELL, D., *Sugar in the Caribbean: Adjusting to Eroding Preferences. In:* World Bank Policy Research Working Paper 3802, World Bank, Washington, December.2005.

MITCHELL, D., *Sugar Policies: Opportunity for Change*. Development Prospect Group. *In:* World Bank Policy Research Working Paper 3222, World Bank, Washington, February 2004.

MONT'ALEGRE, O. "Política internacional do açúcar". *Brasil Açucareiro*, págs. 81-91, outubro, 1955.

MONT'ALEGRE, O. "Um Século na História do Açúcar (Brasil – Cuba 1760/1860)". *Brasil Açucareiro*, págs. 22-66, junho, 1969.

MONT'ALEGRE, O. "A economia açucareira mundial nos anos 60". *Brasil Açucareiro*, págs. 59-89, julho, 1971.

MONT'ALEGRE, O. "Perspectivas da economia açucareira mundial". *Brasil Açucareiro*, págs. 85-90, dezembro, 1971(a).

MONT'ALEGRE, O. "O Açúcar na Austrália". *Brasil Açucareiro*, págs. 37-43, novembro. 1971(b).

MONT'ALEGRE, O. "Açúcar às vésperas de um novo acordo.". *Brasil Açucareiro*, págs. 20-42, junho, 1973.

MONT'ALEGRE, O. "Mercados de Produtos Primários – (I). A Política de Acordos". *Brasil Açucareiro*, págs. 18-37, novembro, 1974.

MONT'ALEGRE, O. "Açúcar, antes e depois de mil dólares". *Brasil Açucareiro*, págs. 46-72, junho, 1976.

MONT'ALEGRE, O. *Estrutura dos mercados de produtos primários*. Rio de Janeiro: IAA (Coleção Canavieira n. 22), 1976/7.

MOURA FILHO, H. P. de. "A Organização Comum do Mercado de Açúcar da União Europeia no Limiar do Século XXI". *XIV Congresso Internacional de História Econômica*. Helsinki/Finlândia, 21-25 de agosto, 2006 (não publicado).

NEVES, Marcos F. *et al., O Setor sucroenergético em 2030: Dimensões, Investimentos e uma Agenda Estratégica*. Brasília: CNI/Confederação Nacional da Indústria, (2017), 100 p.

OECD/FAO. *Agricultural Outlook 2022-2031*, OECD Publishing, Paris (disponível em https://doi.org/10.1787/f1b0b29c-en), 2022.

PATARRA, N., "Dinâmica Populacional e Urbanização no Brasil: O Período pós-30". FAUSTO, B. (dir.), *História Geral da Civilização Brasileira*, Vol. 11, 4. Economia e Cultura (1930-1964), 1986 (págs. 247-271).

PELIN, E. R., *Avaliação econômica do álcool hidratado carburante no curto e médio prazos*. São Paulo: IPE/USP, 1985

PEREZ, L. H. e TORQUATO, S.A., "Evolução das exportações brasileiras de açúcar, 1996 a 2004". *Informações Econômicas*, SP, v. 36, n. 1, 2006, págs. 43-60.

PIACENTE, F. J., *Inovação e Trajetórias Tecnológicas:* O caso dos dois sistemas para extração de sacarose no Brasil. Campinas (tese de doutoramento), IE/UNICAMP, 2010.

RAMOS, P., *Um Estudo da Evolução e da Estrutura da Agroindústria Canavieira do Estado de São Paulo (1930-1982)*. (dissertação de mestrado), EAESP/FGV, 1983.

RAMOS, P., "Trajetória e situação atual da agroindústria canavieira do Brasil e do mercado de álcool carburante". *In:* ROSA dos SANTOS, G. (org.), *Quarenta anos de etanol em larga escala no Brasil: desafios, crises e perspectivas*. Brasília: IPEA, 2016 (págs. 47-81).

RAMOS, P., *O açúcar brasileiro e seus mercados – da colônia ao fim do Proálcool*. Rio de Janeiro: Telha, 2022.

RAMOS, P. e PELEGRIN, R., "A trajetória da agroindústria canavieira paulista: Do Proálcool à crise na década de 1990". *Congresso Brasileiro de História Econômica e Conferência internacional de História de Empresas.* Criciúma/Santa Catarina, 2019.

REGO, R. A., VIALTA, A., MADI, L.F.C. (ed.), *Indústria de alimentos 2030: ações transformadoras em valor nutricional dos produtos, sustentabilidade da produção e transparência na comunicação com a sociedade.* São Paulo: Ital/Abia, 2020 (1ª edição).

RODRIGUES, R., "Século XXI, o novo tempo da agroenergia renovável". *Visão Agrícola N. 1*, USP/ESALQ, Ano 1, jan/junho, 2004.

SAMPAIO, M. de A. P., *360º - O Périplo do Açúcar em Direção à Macrorregião Canavieira do Centro-Sul do Brasil.* Vol. I, São Paulo, FFLCH/USP, Departamento de Geografia, Programa de Pós-Graduação em Geografia Humana, (tese de doutoramento), 2014.

SANTOS, Chico, "O futuro do setor sucroenergético". *Conjuntura Econômica,* março de 2016, (págs. 40-51).

SOARES, A. R., *Um século de economia açucareira: evolução da moderna agroindústria do açúcar em São Paulo, de 1877 a 1970.* São Paulo: Clíper Editora, 2000.

STALDER, S. H. G. de M.. *Análise da participação do Brasil no mercado internacional de açúcar.* Piracicaba/SP, ESALQ/USP (dissertação de mestrado), 1997.

SZMRECSÁNYI, T., *O Planejamento da agroindústria canavieira do Brasil (1930-1975).* São Paulo: Ed. Hucitec/Universidade Estadual de Campinas, 1979.

SZMRECSÁNYI, T., "Concorrência e complementaridade no setor açucareiro". *Caderno Difusão Tecnologia*, Brasília, 6(2/3):165-182, maio/dezembro, 1989.

SZMRECSÁNYI, T.; MOREIRA, E. P., "O desenvolvimento da agroindústria canavieira do Brasil desde a Segunda Guerra Mundial". *Estudos Avançados,* São Paulo, V. 11, N. 5, 1991 (págs. 57-79).

SZMRECSÁNYI, T., "Efeitos e desafios das novas tecnologias na agroindústria canavieira". *Textos para Discussão N. 13,* Campinas, Instituto de Geociências/ UNICAMP, 1993.

SZMRECSÁNYI, T., ALVAREZ, V. M., "The Search for a perfect substitute: Technological and Economic Trajectories of Synthetic Sweeteners from Saccharin to Aspartame (C. 1880-1980)". *Texto para Discussão N. 28*, DPCT/IG/UNICAMP, 1999.

TRUDA, L., *A Defesa da Produção Açucareira*. Rio de Janeiro: Instituto do Açúcar e do Álcool, Divisão Administrativa, Serviço de Documentação (Coleção Canavieira n. 6), 1971.

USDA/United States Department of Agriculture, *Sugar: World Markets and Trade. Australia Sugar Exports Rebound* (Foreign Agricultural Service). Washington/DC, 2022 (8 págs.).

USDA/United States Department of Agriculture, *Report Number BR2023-0009* (Sugar Annual). Washington/DC, 2023 (19 págs.).

VEIGA FILHO, A. de A., "O Dilema da 'Escolha de Sofia' nas exportações de açúcar pelo Brasil". *Informações Econômicas*, SP, v. 30, n. 9, setembro, 2000 (págs. 53-59).

VITON, A., "As perspectivas e os problemas do açúcar". *Brasil Açucareiro*, maio, 1972 (págs. 83-90).

WILKINSON, J., *O futuro do sistema alimentar*. São Paulo: Hucitec, 1989.

WILKINSON, J., *O mundo dos alimentos em transformação*. Curitiba: Appris, 2023 (1ª edição).

WIZIACK, J., "Mais álcool, por favor". Jornal *Folha de S. Paulo*, edição de 29 de dezembro, 2023, p. A13 (Painel S.A.).